城市道路交叉口弱势群体安全设计指南

陈艳艳　郭继孚　袁　和　著

人民交通出版社

内 容 提 要

本书的重点是以减少冲突、改善弱势群体的交通安全状况为目标，同时兼顾道路使用者通行效率的提高，介绍相关的城市道路交叉口设施设计或组织管理措施。全书包括7部分：概述、城市交叉口事故成因分析、平面交叉口弱势群体安全设计概述、改善平面交叉口弱势群体安全典型措施、交叉口安全评价、交叉口弱势群体交通安全改造案例和结论。

本书主要对象读者包括道路安全相关政府部门、道路设计和交通工程研究部门和交通管理部门的领导和专业人员，以及相关专业的研究院校的学者和学生等。

图书在版编目（CIP）数据

城市道路交叉口弱势群体安全设计指南/陈艳艳等著.
北京：人民交通出版社，2009.12
ISBN 978-7-114-08083-8

Ⅰ.城... Ⅱ.陈 ... Ⅲ.城市道路-公路交叉-边缘群体-交通运输安全-设计-指南 Ⅳ.U412.37-62

中国版本图书馆 CIP 数据核字（2009）第 218907 号

书　　名：城市道路交叉口弱势群体安全设计指南
著 作 者：陈艳艳　郭继孚　袁　和
责任编辑：戴慧莉
出版发行：人民交通出版社
地　　址：(100011) 北京市朝阳区安定门外外馆斜街 3 号
销售电话：(010) 59757973，59757969
总 经 销：人民交通出版社发行部
印　　刷：北京鑫正大印刷有限公司
开　　本：787 × 960　1/16
印　　张：6.5
字　　数：82 千
版　　次：2010 年 2 月　第 1 版
印　　次：2010 年 2 月　第 1 次印刷
书　　号：ISBN 978-7-114-08083-8
定　　价：30.00 元

致谢 Zhixie

在《城市道路交叉口弱势群体安全设计指南》的编写过程中，北京市交通委员会刘小明主任给予了关心与帮助；北京市公安局交通管理局王志宽、郭大海警官积极配合项目的实施；陈燕凌、陈金川、段里仁、李永胜、聂大华、周正权、李伟、David Silcock、Rikkle Rysggard、Christer Hyden、Mike Goodge，Dennis Eckhart P E 等专家对研究方法提供了帮助，对技术成果提出了宝贵意见，在此表示诚挚的感谢！

在本书的编写过程中，参阅了大量国内外的文献资料，由于条件所限，未能与原著者一一取得联系，引用及理解不当之处，敬请见谅，在此向这些文献资料的原作者表示衷心的感谢！

由于写作时间仓促及作者理论水平有限，本书中难免有诸多错漏及不足之处，再次诚恳希望广大读者不吝赐教。

前言 Qianyan

在人们每天所面对的各种问题中，道路交通事故是最复杂也是最危险的问题之一。据统计，全世界每年约有 120 万人死于道路交通事故，受伤者多达 5 000 万人。每年全球道路交通伤害的损失为 5180 亿美元，其中，中、低收入国家每年损失 650 亿美元，比其接受的发展援助资金还要多。《世界道路交通伤害预防报告》[1] 指出，如果不付诸加倍努力并开展有效的道路安全行动，预计 2000 ~ 2020 年，全球道路伤亡总数将上升 65% 左右，而中、低收入国家死亡人数将增加 80%。尽管如此，与其他不常发生的流行病和其他事故相比，社会为道路交通伤害所付出的巨大代价远远没有得到政府和社会各界的广泛关注。

目前，在包括中国在内的中、低收入国家，行人、自行车等“道路交通弱势群体”构成了上述道路交通事故死亡和伤害的主体。而城市道路交叉口，在没有足够安全设施的情况下，是交通弱势群体与机动车间各种冲突集中的地方，事故频发。但在城市规划和道路建设上，自行车、行人等弱势群体的安全更是远没受到足够的重视[2]。

与此同时，道路使用者的通行效率也并没有达到预期的水平，大规模拥堵的情况依然屡有发生。因此，在保证所有道路使用者，特别是作为道路弱势群体的行人和自行车的安全的前提下，尽可能提高道路使用者的通行效率也十分的重要。

在这样的大背景下，我们完成了北京市道路交叉口弱势群体安全研究这一项目，并根据项目的研究成果，结合国内外交通弱势群体安全的研究成果，完成了《城市道路交叉口弱势群体安全设计指南》。

本《指南》有三个目的：

- 使各级政府、规划设计部门、交通管理部门、国际机构和非政府组织对这一问题有更深刻的认识与承诺，并做出明智的决策，以便那些已被证明是科学而且有效的提高道路交通弱势群体安全性的策略得以实施。过去认为道路交通事故是机动化和经济发展所带来的后果，这种认识应该被更全面的观念所取代——多数的道路事故是可以预防的，人类在道路上所犯的错误，不应以生命作为代价。面对着减少道路交通伤害的全球挑战，任何有效的应对措施的落实，都需要有关方面做出巨大努力。

- 促进规划设计和交通管理人员深入了解道路交通弱势群体事故机理，了解道路设施设计及组织管理方法对道路交通参与者行为的影响，因地制宜制订行之有效的预防措施。

- 促进创建有效的合作伙伴关系和健全相应的组织机构，形成更有效的道路交通安全保障体系。这个体系包括各级政府和政府的不同部门，如立法、执法、财政、交通、卫生、教育等部门，并且在政府与非政府组织之间建立起紧密的协作关系。必须强调要通过道路交通组织系统中的各级部门的共同行动来预防交通弱势群体事故。

本《指南》在编写过程中得到北京市交通委员会、北京市公安局交通公安管理局、北京市路政局、北京市市政设计研究总院和北京市城市规划设计院领导和专家以及国际专家的大力支持，课题组在此对他们表示诚挚的谢意。

作　者

2009 年 8 月

目录 Mulu

1 概述

1.1 全国道路交通安全状况概述

中国每年的道路交通事故数与机动车化程度、安全设计及管理水平密切相关。在20世纪五、六十年代,全国道路交通事故死亡人数每年仅为几百到几千人,20世纪70年代发展为每年1~2万人。1984年后,事故死亡人数急剧上升,1988~1990年期间稍有回落。1991年,随着改革开放的深入,国家总体经济实力逐步增强,交通运输业迅速发展,机动车保有量急剧上升,我国的道路交通事故次数、死亡人数和受伤人数也随之迅速增长,道路交通安全形势十分严峻。至2001年,全国平均每天因道路交通事故死亡的人数已达300人。在2006年,我国有超过37.8万起道路交通事故发生,有8.9万人死亡,43.1万人受伤,造成了将近15亿元人民币的直接财产损失。2007年,有道路交通事故32.7万起,8.1万人死亡,38万人受伤,直接财产损失将近12亿元[3]。

城市道路交通事故已给当今社会文明和进步蒙上了一层阴影,成为人类社会的一大公害。因而对交通安全的研究始终是世界各国学者的一项重要课题。近年来,随着政府对安全的日渐重视,对城市交通安全管理系统及研究的投入加大,交通安全状态恶化的趋势得到了有力的遏制[4][5][6]。我国1970~2007年城市道路交通事故数及死亡人数趋势见图1-1及图1-2。

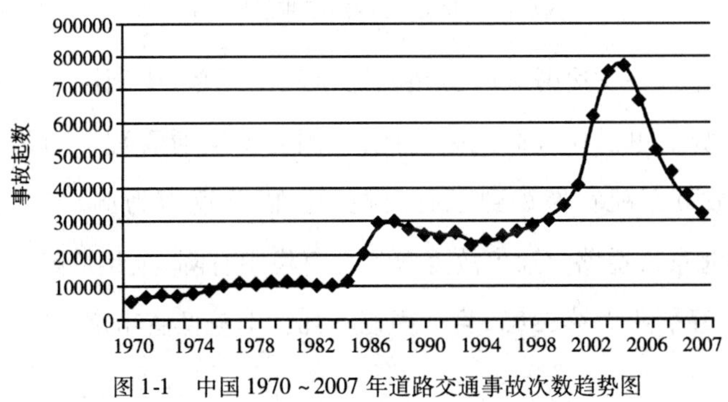

图1-1 中国1970~2007年道路交通事故次数趋势图

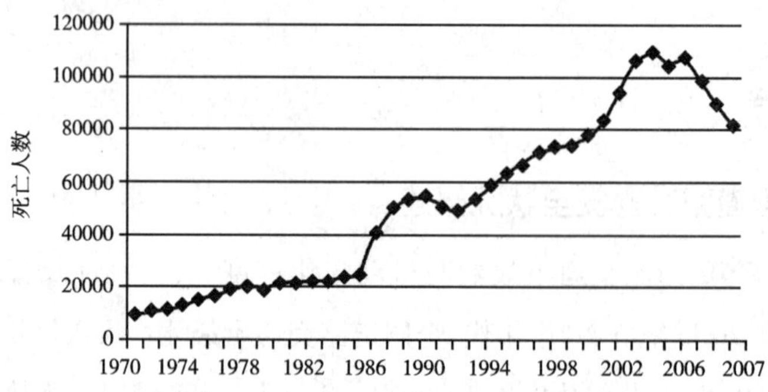

图 1-2 中国 1970 ~ 2007 年道路交通事故死亡人数趋势图

但相比国外发达国家的道路交通事故率，我国的道路安全状况还有着很大的改善空间。图 1-3 和图 1-4 为各国的万车道路交通事故死亡率和 10 万人口道路交通事故死亡率，虽然自 2003 年以来我国道路交通事故死亡人数连续 5 年下降，但 2007 年我国万车道路交通事故死亡率仍然达到 5.1，位居世界各国之首，远远高于全世界平均万车道路交通事故死亡率 2 的水平。

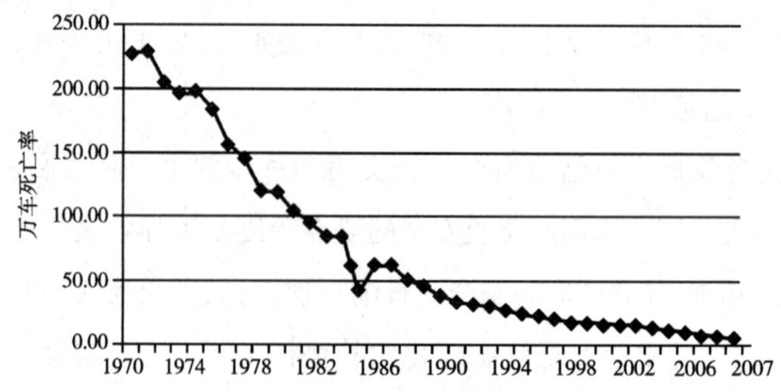

图 1-3 各国万车道路交通事故死亡率

而且相比国外发达国家的道路交通事故致死率，中国的道路交通事故致死率在世界上也是比较高的。为此，我国公安交通管理部门付出了巨大努力，使事故万车死亡率得到了有效控制。以北京市为例，与之前几年相比，2007 年北京市道路交通事故万车死亡率稳中有降，全年道路交通事故死亡 1182 人，万车死亡率 3.85，为全国万车死亡率较低省市之一，接近世界先进国家水平。

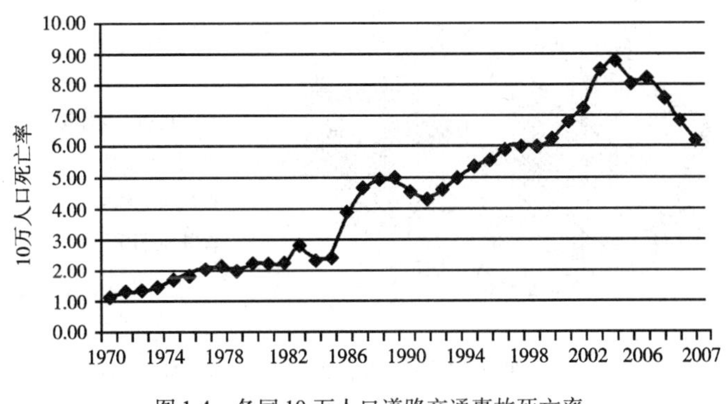

图 1-4 各国 10 万人口道路交通事故死亡率

1.2 城市道路交叉口弱势群体交通安全状况概述

观测资料表明,我国步行交通在大城市总出行量中平均占 37%。在日本的东京、大阪、名古屋等大城市的步行交通比重占全部交通总量的 25% 以上。美国城市步行交通的比重,比我国现在城市步行交通的比重低得多,不过在市中心地区、住宅区、商业区的比重也相当大,商业区步行交通比重一般为 12% ~25%。

自行车交通也是我国的主要出行方式。现在,上海的自行车总数将近 650 万辆,而北京超过了 900 万辆。尽管北京市私人小汽车以年均 20% 的速度递增,但自行车交通目前仍是半数以上北京人最主要的交通方式。

由于交通基础设施建设难以满足交通需求迅速增长的需要,近年来城市交通问题日益突出,如拥挤程度加剧、环境污染严重、交通秩序混乱、道路交通事故频发等。在城市交通系统中,行人、自行车构成了弱势群体,面临越来越多的小汽车威胁,他们的安全状况令人堪忧[7][8][9]。

道路交叉口是弱势群体与机动车发生冲突的主要地点。非机动车和行人在通过道路交叉口时很容易受到速度较快的机动车的碰撞而发生道路交通事故。

2003 ~2005 年,北京道路交叉口一般以上事故中,约 60% 的事故与机动车有关,19% 的事故与非机动车和行人有关,如图 1-5 所示。

注:本《指南》中,一般以上事故指的是有人员死亡或受伤的事故。

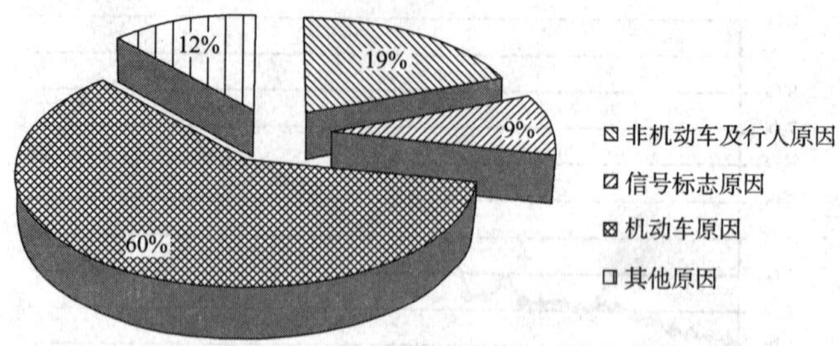

图 1-5　2003～2005 年北京市一般以上事故分类

在交叉口道路交通事故中，因机动车原因产生的事故主要是因为违章行驶、不按规定让行等造成的，如图 1-6 所示。因行人及非机动车原因产生事故主要是因为违章转弯、逆向行驶、违章穿越机动车道造成的，如图 1-7 及图 1-8 所示。可以看到，大部分事故是由于道路使用者的安全意识淡薄引发的。

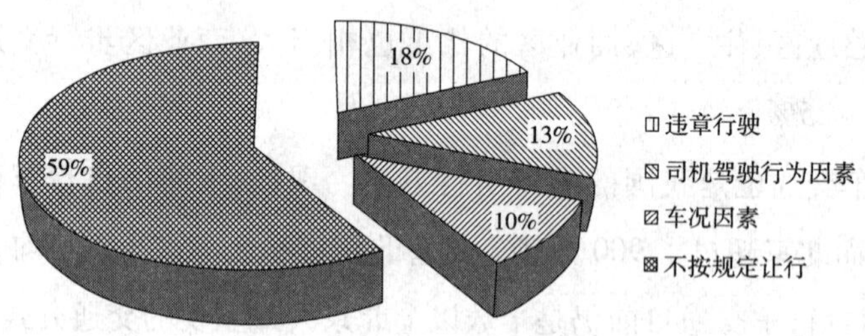

图 1-6　因机动车原因产生事故类型细分图

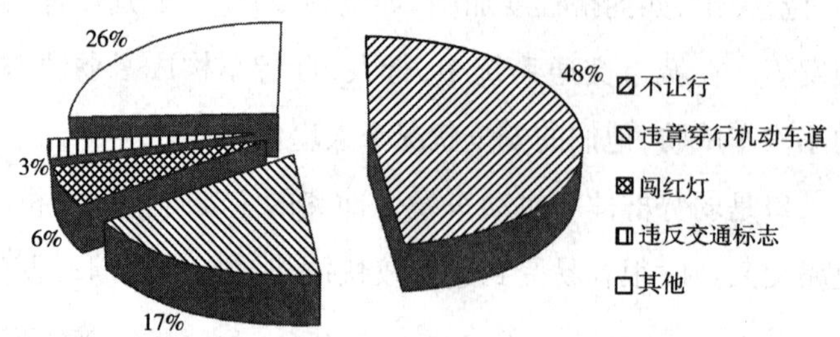

图 1-7　行人导致的事故

由于非机动车及行人在道路中处于较弱势的地位，一旦发生道路交通事故，就会对非机动车及行人造成较严重的伤害及损失。从图 1-9 可以看出，在交叉口各种事故类型中，机动车与非机动车、机动车与行人的交通事故死亡率较高。

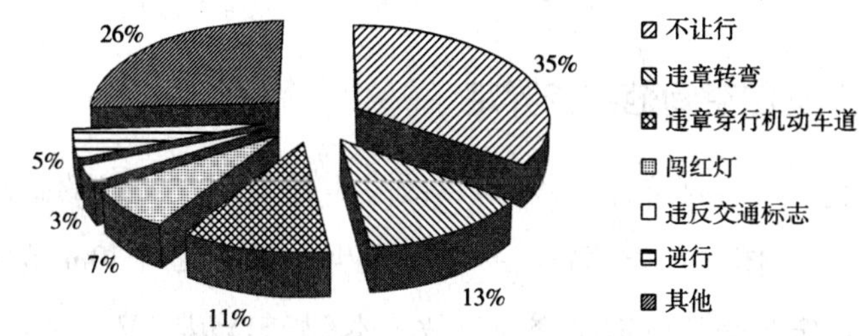

图 1-8　非机动车导致的事故

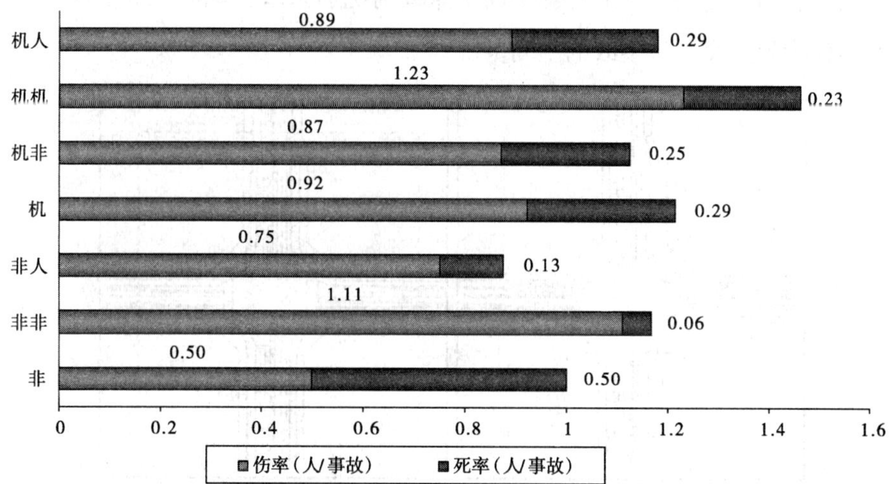

图 1-9　伤亡率—事故类型图

注："机人"指的是机动车和行人发生的事故；

"机机"指的是机动车和机动车发生的事故；

"机非"指的是机动车和非机动车发生的事故；

"机"指的是机动车撞静止物等事故；

"非人"指的是非机动车和行人发生的事故；

"非非"指的是非机动车和非机动车发生的事故；

"非"指的是非机动车撞静止物等事故；

"伤率"指的是受伤人数和总事故数的比值，单位：人/事故；

"死率"指的是死亡人数和总事故数的比值，单位：人/事故。

所以，在交叉口交通设施设计及组织规划中，应该充分考虑弱势群体的安全，同时应提高交通参与者的安全意识，使交叉口更加安全、可靠。

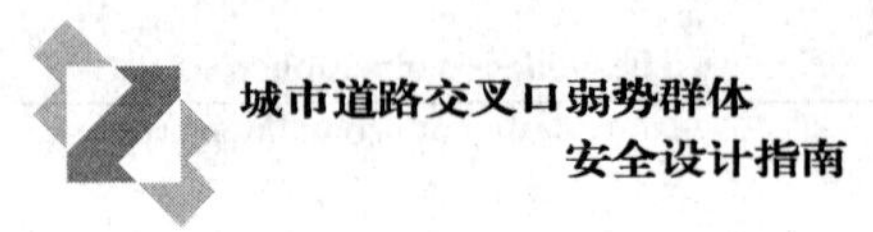

2 城市道路交叉口事故成因分析

2.1 平面交叉口空间范围的界定

在进行交叉口事故统计时，需对事故发生地点距交叉口的距离即空间范围进行界定，见图 2-1。在国外，一般将发生在距交叉口 30m 范围内的道路交通事故认定为交叉口道路交通事故。本《指南》以交叉口的影响范围，即驾驶者因察觉交叉口的各种交通信息或情况而采取行动时距离交叉口的距离作为界定交叉口事故的空间范围[10]。

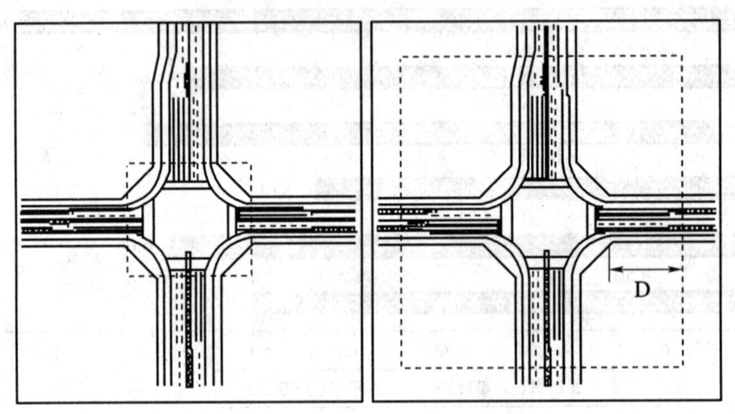

图 2-1 平面交叉口空间范围

本《指南》参考我国《道路标志与标线》中驾驶员对交叉口标志的认读及采取行动的过程来界定交叉口的影响范围。认读过程与车辆的运行速度有关。速度快，到达交叉口前采取的措施就应提早进行，完成动作所需的距离要大，即交叉口的影响范围也大。因此，不同设计车速的道路相交的交叉口的影响范围不应该是一个定值。

图 2-2 是驾驶员对标志的认读和行动距离示意。

图 2-2，标志点 S 为路侧安装标志，设置在交叉口前适当位置，驾驶员在视认点 A 处发现标志点 S，在 B 点开始读取标志信息，在 C 点读完标志内容，从 C 点经消失点 E 到采取行动点 D 的距离为判断距离；从 D 点到完成点

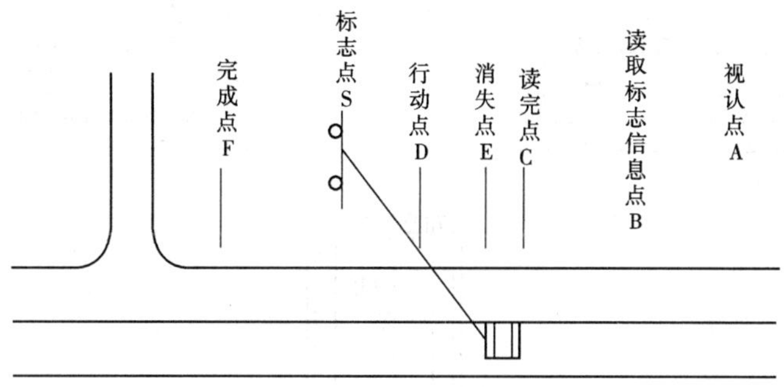

图 2-2　驾驶员对标志的认读和行动距离示意图

F 的距离为行动距离，驾驶员在这段距离内必须安全顺畅地完成必要动作，如变换车道、改变方向、减速或停车避让等。行动点 D 距交叉口的距离就是以上所提到的交叉口的影响范围。

在实际应用中，当城市相交道路最高设计速度或限速小于 40km/h 时，交叉口影响范围上限可取 50m；当相交道路最高设计速度或限速大于等于 40km/h 时，交叉口影响范围上限可取 100m。

在城市道路中，可以以四个方向的右转专用道渠化的起点为交叉口的影响范围上限，或以交叉口标志位置作为交叉口的影响范围下限。

2.2　平面交叉口的分类

城市道路交叉口包括平面交叉口及立体交叉口，本《指南》主要针对平面交叉口的弱势群体过街安全问题展开研讨。

城市道路平面交叉口有以下几种分类方式。

1）按照道路交叉的形式划分

（1）三路（T 形）交叉口，见图 2-3。

（2）四路（十字形）交叉口，见图 2-4。

（3）环岛交叉口，见图 2-5。

另外，还有多路（四路以上）或不规则的平面交叉口。

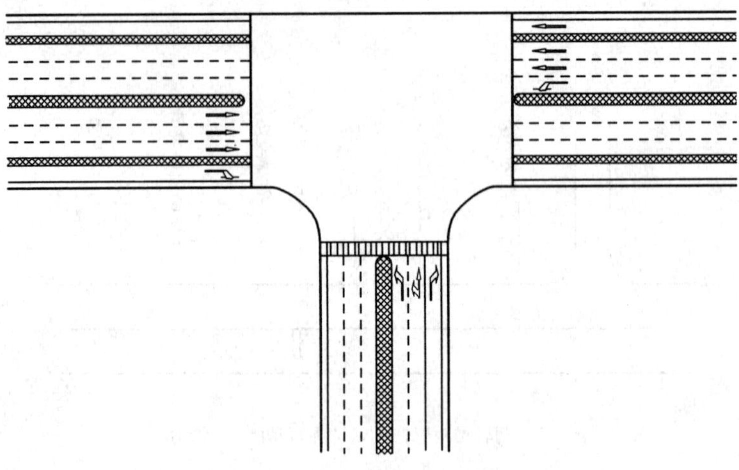

图 2-3　三路(T 形)交叉口示意图

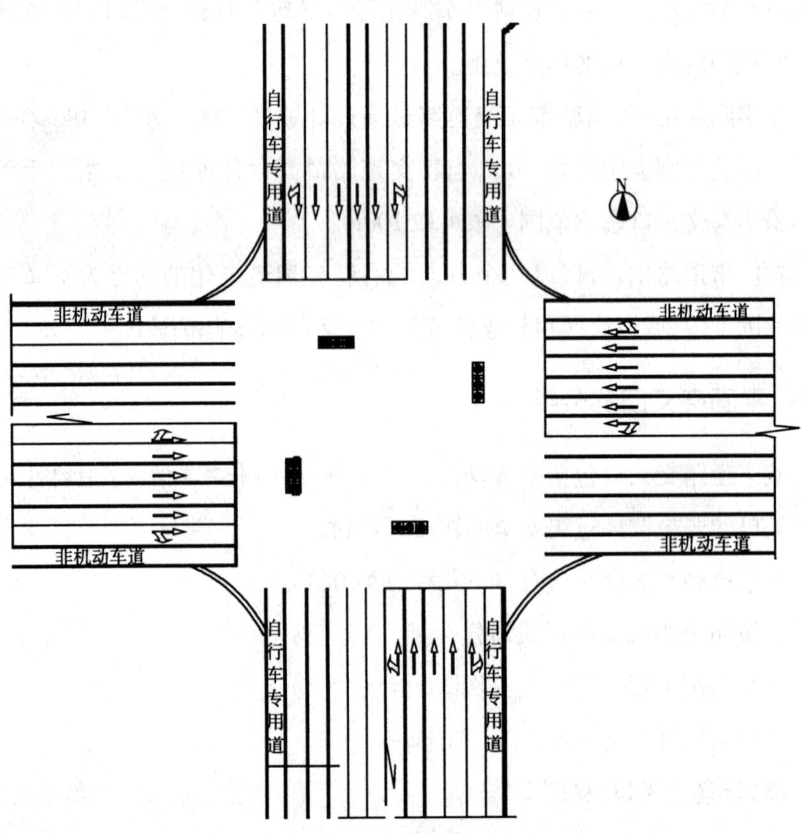

图 2-4　四路(十字形)交叉口示意图

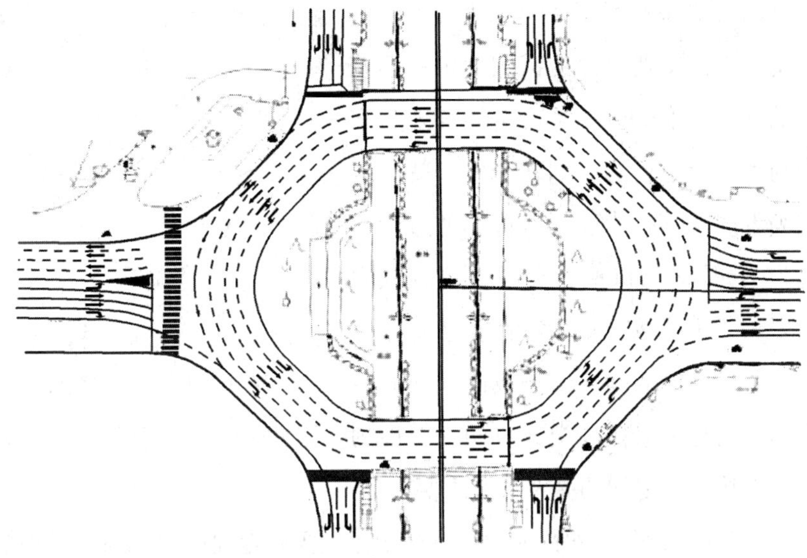

图 2-5　环岛交叉口示意图

2)按照控制的方式划分

(1)无信号控制停让的交叉口。

(2)信号控制的交叉口,包括两相位交叉口及多相位交叉口。

3)按相交道路类别或等级划分

(1)主干路与主干路相交形成的平面交叉口,简称为主—主交叉口;

(2)主干路与次干路相交形成的平面交叉口,简称为主—次交叉口;

(3)主干路与支路相交形成的平面交叉口,简称为主—支交叉口;

(4)次干路与次干路相交形成的平面交叉口,简称为次—次交叉口;

(5)次干路与支路相交形成的平面交叉口,简称为次—支交叉口;

(6)支路与支路相交形成的平面交叉口,简称为支—支交叉口;

2.3　城市道路交叉口交通安全与参与者行为关系分析

与交通安全相关的因素,概括起来可以归纳为三大类,即道路、车辆、交通参与者及道路使用者。这三大类因素相互渗透,形成了彼此的交集。图 2-6 为美国统计的道路交通事故成因分布比例[11]。

道路交通事故统计数据表明,人的因素在诱发道路交通事故的诸因素中占据着主导的地位,而人的因素其实就表现为交通参与者的交通行为。如在交叉口就体现为驾驶者的驾驶行为及弱势群体的过街交通行为,它是交叉口道路交通事故成因中的首要因素。事实上,很多的道路安全设计也是通过直接或间接影响或改变交通参与者的交通行为来提高交叉口的安全性的。因此,了解交通参与者的交通行为与事故发生之间的关系十分重要。

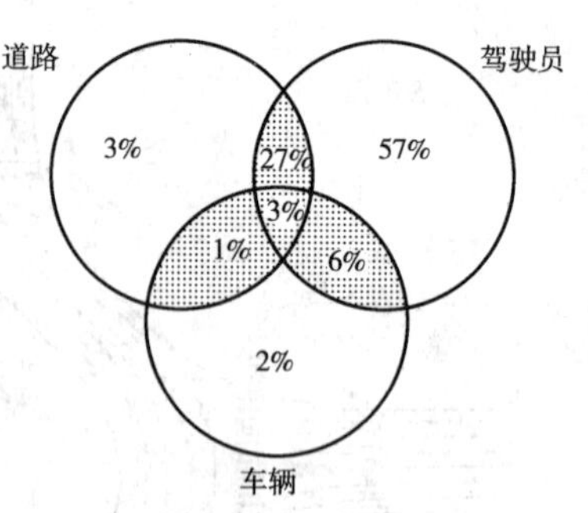

图 2-6　美国统计的道路交通事故成因分布比例(注:此图是从文献中引用)

以驾驶员为例,驾驶行为中的特征指标主要有驾驶期望、反应时间[10]。

1)驾驶期望

在驾驶信息处理过程中,驾驶员一般会根据道路交通条件向前推测,并由此产生出针对未来驾驶行为的预期计划,称为驾驶期望。驾驶员对于道路交通环境所产生的预期与现实发生的状况越吻合,驾驶员的反应时间就越短,同时驾车行为的转换与现实道路变化之间的步调越能够较好地同步。

驾驶员的期望主要有如下三种:

(1)惯性期望:驾驶员倾向于认为目前的状况将会惯性的持续。

(2)事件期望:过去未发生的事件,驾驶员倾向于认为它不会发生。

(3)时间期望:对于周期性变化的事件,某一状态持续时间越长,驾驶员越倾向于认为它将会发生变化。

在城市中,往往是有立体隔离安全设施的交叉口或过街人流较少的交叉口反而会潜伏更大的危险,主要原因就是驾驶员在此种道路交通环境下产生的预期促使其高速行驶或思想麻痹,而个别行人、自行车违规者的行为与驾驶员预期不相吻合,导致事故的发生。因此,在这种情况下进一步规范行人、自行车行为,或加强机动车警示,是减小驾驶预期与实际情况差异的主要手段。

2)反应时间

反应时间是指从道路交通环境中"信号"的出现到驾驶员产生反应的时间间隔长度。

反应时间经典的变化区间是1.5~2.5s,但事实上其变化幅度很大,反应时间因人而异,例如经验与驾驶水平的差异、灵活与感知速度的差异、酒后驾驶的问题、危险倾向性的驾驶行为问题等。个人差异在交叉口设计阶段虽然不能控制,但在交叉口设计中,应该考虑到上述的差异,使得交叉口能够包容一定程度的反应时间的个体差异,如通过促使机动车减速的措施设计增加安全反应距离。

另外,反应时间还与交通参与者所面对的决策复杂程度相关。明确路权,加强警示及引导标志的设置,也是降低交通参与者决策复杂程度,从而减少反应时间的有效方法。

对交叉口其他交通参与者,如行人、自行车,也应通过各种措施提高其交通预期的准确性及减少反应时间。

2.4　城市道路交叉口弱势群体道路交通事故冲突分析

虽然道路交通事故有一定的偶发性及随机性,但其发生是有着相似的原因及必然的规律的。改善交叉口交通安全环境,就必须深入分析大量的道路交通事故背后的原因,尤其应该研究是什么因素、怎么样导致了碰撞的发生,交叉口什么样的状态是安全的、什么样的状态潜藏着危险,这种危险是怎么样逐渐放大最终导致了不可逆转的事故悲剧。而交通冲突技术则是一项分析事故成因及事故预测的技术。

交通冲突是针对道路交通事故难以直接观察发生过程而建立的概念。所谓交通冲突是指车辆行驶过程中产生的具有事故隐患的事件。一般因交通个体的方向及速度差产生冲突。交通冲突实质上是不安全交通行为的表现形式,其发展结果可能导致事故发生,也可能由于采取措施得当而避免事故发生,因而事故与冲突存在某种相似的内容。由交通冲突技术的理论研

究发现[12]，事故与冲突的成因与发生过程的最后阶段存在着极为相似的形式，两者的唯一差别在于是否发生了直接的损害性后果。在大量的平面交叉口冲突技术的研究中，也已经证实了冲突与事故之间的线性关系[13][14][15][16]。

交通冲突是发生交通事故的根本原因，而道路交叉口是冲突发生集中地，通过减少冲突个数及减轻严重程度，可有效地提高交叉口安全性；通过冲突分布及原因分析可为交叉口安全改善对策提供依据。

当交通流从不同方向交汇到一点的时候，就会产生冲突，这个点我们称之为冲突点。交通冲突按冲突点发生地点是否固定可分为两类：固定冲突和随机冲突，见图2-7及图2-8。固定冲突包括成角度碰撞冲突、合流冲突、分流冲突；随机冲突包括对向冲突、追尾冲突和其他冲突。

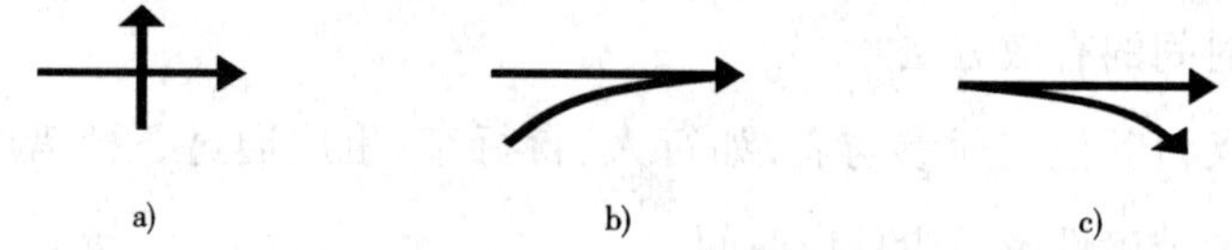

图2-7　固定冲突

a）成角度碰撞冲突；b）合流冲突；c）分流冲突

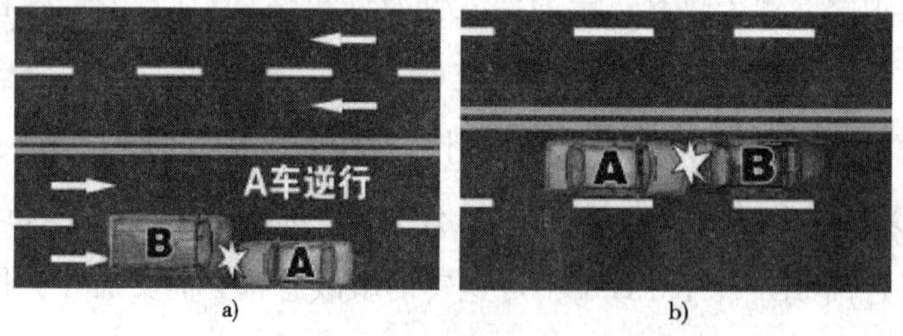

图2-8　随机冲突

a）对向冲突；b）追尾冲突

固定冲突点的位置相对固定，这类冲突可以通过合理的交通管理和道路工程改造，利用时间或者空间上的隔离减少或者消除。相反，随机冲突的位置很难确定，例如，机动车逆行和自行车在机动车道行驶很可能产生随机冲突，这类冲突可以通过教育、宣传和法律手段使其减少。

按照不同方向的交通流分类,固定冲突又可分为直行和直行(简称直—直)冲突、直行和左转(简称直—左)冲突、直行和右转(简称直—右)冲突,见图 2-9。

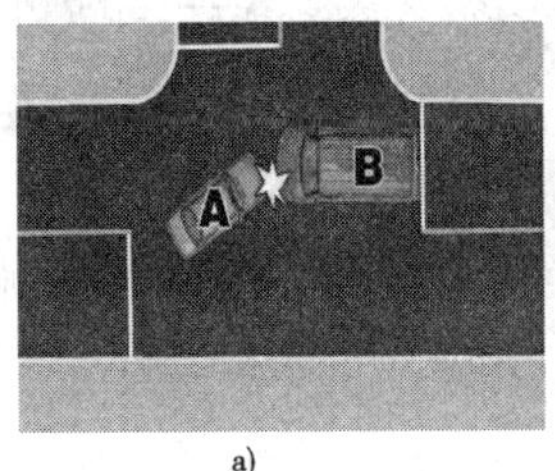
a)

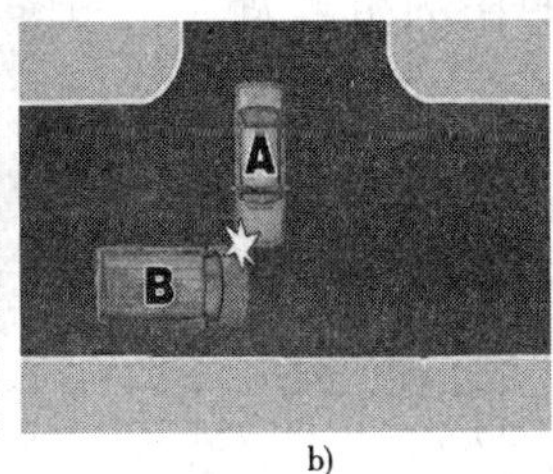
b)

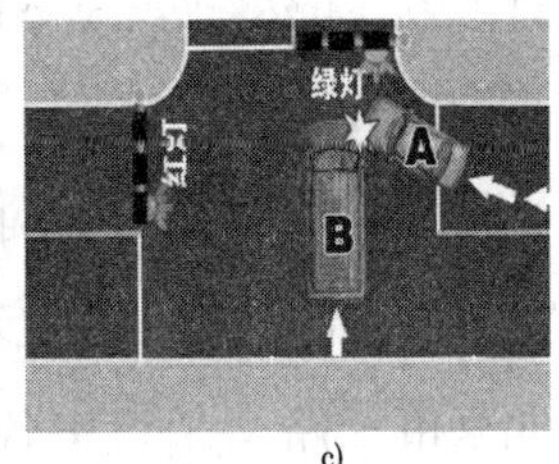

c)

图 2-9　直—直、直—左、直—右的固定冲突

a)直—直冲突;b)直—左冲突;c)直—右冲突

按照参与交通冲突的成员多少,可以分为一个成员冲突及多个成员的冲突。一个成员发生的事故常常是与静止物发生的碰撞,包括护栏、建筑物、电线杆、环岛等。这些事故可以通过移动、去除和增加交通标志的方法消除或者减少。

按照参与交通冲突的不同道路使用者分类,冲突可以分为以下三类:机动车与机动车之间发生的冲突(简称机—机冲突)、机动车和非机动车间发生的冲突(简称机—非冲突)、机动车和行人之间发生的冲突(简称机—人冲突)。

以北京 2003 ~ 2005 年一般以上事故数据为例,T 形交叉口及十字交叉口按冲突参与者划分的事故比例见表 2-1、表 2-2。

T 形交叉口按冲突参与者划分的事故比例　　表 2-1

冲突类型	机—机	机—非	机—人	总　计
比例	42.8%	41.8%	15.4%	100.0%

十字交叉口按冲突参与者划分的事故比例　　表 2-2

冲突类型	机—机	机—非	机—人	总　计
比例	43.3%	41.8%	14.9%	100.0%

可以看出，在T形及十字交叉口，机动车与非机动车参与发生的交通事故占绝大多数，且机动车与非机动车、机动车与行人发生的事故占总数的比例相当大，应得到重点关注。

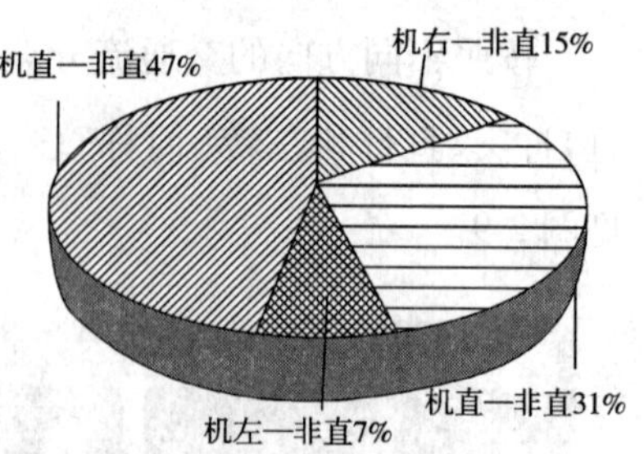

图2-10　三路交叉口中各类机—非冲突所占比例

按照参与冲突的不同道路使用者的行进方向，冲突可以进一步细分。图2-10为北京市三路交叉口中各类机—非冲突所占比例，其中机动车直行和非机动车直行冲突占47%，机动车直行和非机动车左转冲突占31%，机动车右转和非机动车直行冲突占15%，它们是主要的冲突类型。而非机动车直行和机动车直行冲突中，追尾为主要类型，占72%，见图2-11。

图2-12为四路交叉口中各类机非冲突所占比例，其中机动车直行和非机动车直行冲突占64%，机动车直行和非机动车左转冲突占15%（主要存在于无信号交叉口），机动车右转和非机动车直行冲突占13%，它们是主要的冲突类型。

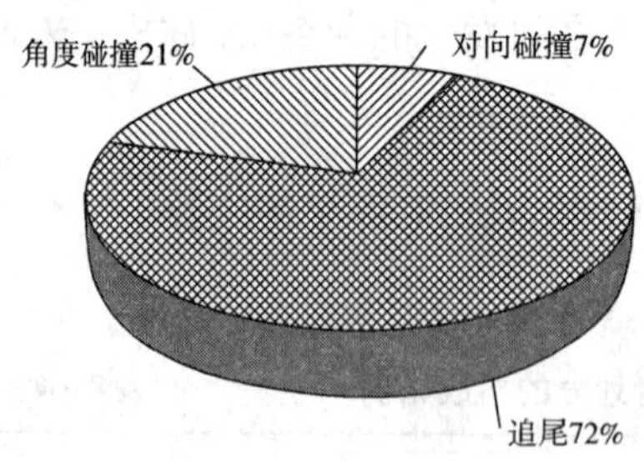

图2-11　三路交叉口非直—机直冲突形态分布

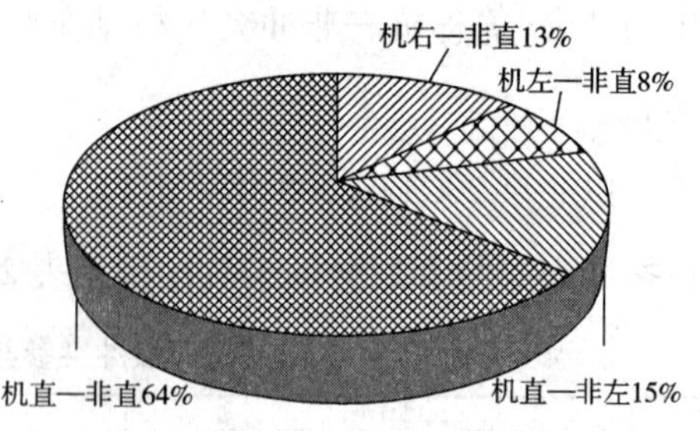

图2-12　四路交叉口中各类机非冲突所占比例

图2-13、图2-14为三路、四路交叉口事故中各类机—人冲突所占比例，可以看出直行机动车与行人是主要的冲突类型（其中三路交叉口75%，四路交叉口67%），其次为左右转机动车与行人的冲突。

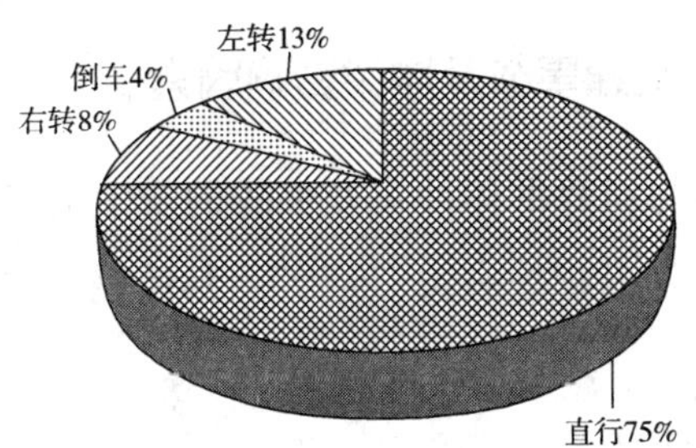

图 2-13 三路交叉口事故中各类机—人冲突所占比例

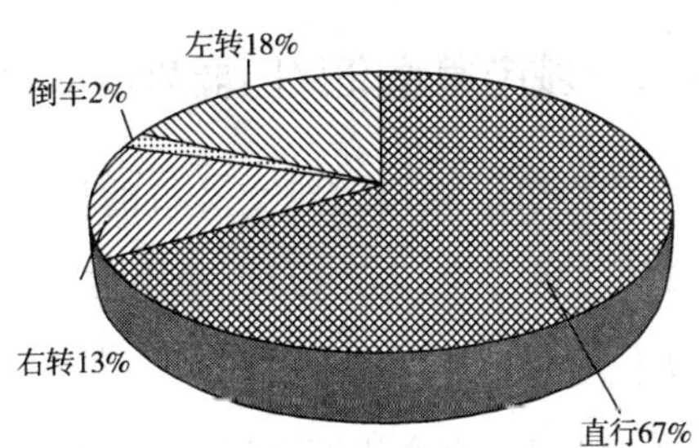

图 2-14 四路交叉口事故中各类机—人冲突所占比例

在大量的平面交叉口冲突技术的研究中,已经证实了冲突与事故之间的线性关系。城市道路交叉口是行人、自行车与机动车冲突的集中地,因此利用交通冲突技术分析行人和非机动车在交叉口的安全状况是可行的。交通冲突技术,简称 TCT(traffic conflict technique),是目前国际上新兴的一种用于定量研究各种道路交通安全问题及其对策的非事故统计评价理论方法,它定义的交通冲突是指机动车与其他用路者双方,若各按其原来的方向和速度行驶,则一定会发生碰撞事故。但由于其中一方采取了或制动、或转向或加速行驶等紧急避险措施避免了事故发生的事件[17][18][19][20][21][22][23]。

因此,本《指南》主要利用瑞典冲突专家 Christer Hyden 的交通冲突理论[12]来研究机动车与非机动车、机动车与行人的冲突。此冲突分析方法是通过统计交叉口冲突点的个数来分析交叉口的安全性的。它将道路交通冲突点分为两类:严重冲突点和非严重冲突点。其中,冲突的严重程度由通过待测交叉口的道路使用者采取避让行为时刻的车速和距冲突点的距离(或时距)决定的,可以通过图表对冲突的严重程度直接判断,见图 2-15。

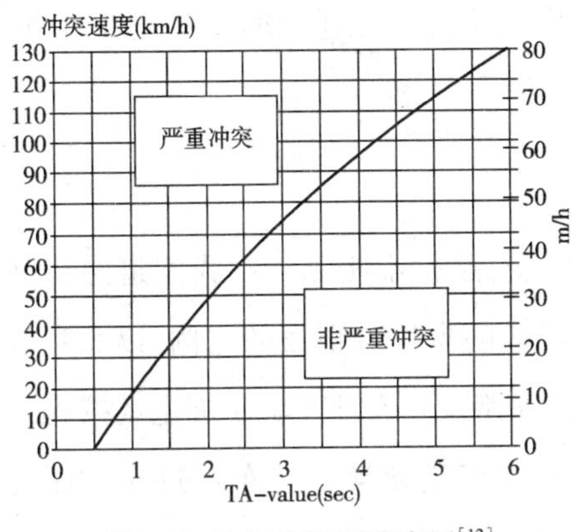

图 2-15 冲突严重程度判断图[12]

通过得到冲突数及冲突的严重程度,可以分析这些冲突,并针对城市交叉口的常见冲突进行原因剖析,研究相应对策。

2.5　城市道路交叉口弱势群体道路交通事故及冲突影响因素

在我国,城市道路交叉口的机动车与弱势群体冲突及事故的发生交叉口的交通特性、道路设计、道路参与者守法意识等有关[24][25][26],具体表现在以下几点。

1)混合交通流特性突出,缺乏必要合理的时空隔离

由于我国行人流量和自行车流量很大,因此,在道路上存在着大量的混合交通流,这类交通流随机性更强,和纯机动车流有着很大的区别,因此研究混合交通流的特性,合理渠化、完善天桥等空间隔离设施、优化信号配时对于避免机动车与行人和自行车的冲突,保护行人和自行车使用者的安全就显得尤为重要。从图2-16可以看出,机动车和行人、自行车经常在同一平面、同一时间出现,这造成了很大的事故隐患,极易因为机动车驾驶人的误操作或视野不清晰而造成事故。

图2-16　机动车和行人、非机动车混行

混合交通流是道路交叉口冲突数量多、弱势群体事故比例较高的主要原因;行人、自行车路权时间空间不足,增大了混合交通流的无序程度,增加了交叉口违规行为及冲突数量

2)安全守法意识淡薄,路权不明确

我国道路参与者的守法意识普遍较弱,路权不明确。在我国道路交叉口机动车违章事故中,因不按规则让行造成的事故占很大的比例,以北京为例,高达59%。在无信号交叉口(尤其三岔路口),有些车辆不能主动按先来先走的原则行驶。另外部分主要干道机动车过交叉口时车速过快。而行人、自行车闯红灯、不按规定路权行驶也十分普遍。

不遵守让行规则是信号交叉口转向车与弱势群体发生冲突的主要原因;车速过快是造成严重冲突的主要原因;闯红灯现象是机直—非直、机直—行人事故的主要原因

3)主干道路过宽,缺少行人安全岛和驻足区

在中国的城市道路中,由于机动车流量较大,为了提高道路的通行能力,道路宽度往往很大,上下 8 车道或者 10 车道的道路很普遍地存在着。一条上下 10 车道的道路加上非机动车道和分隔带等设施,有 50 ~ 60m 宽,按人均步速 1.2m/s 计算,行人一次性穿越这样的交叉口需要 50 ~ 60s,这一设置虽然在很大程度上提高了道路的通行能力,但是也给过街的行人和非机动车造成了很大的事故隐患,而现有的行人信号灯绿灯时长大部分在 30s 左右,因此有相当比例的行人因为过街绿灯时间过短不能一次通过交叉口,而道路中间没有设置供停留的安全岛或驻足区,因此他们暴露在车流中,形成事故隐患。

过街距离长、信号周期长,延误增加,导致行人暴露率及闯红灯机率增大

4)部分交叉口过大,设计及组织渠化不合理

合理的交叉口设计及组织渠化可有效地约束交通参与者的行为及轨迹,消减或避免冲突。目前,部分交叉口过大,造成冲突区域面积增大及冲突点增多;设计及组织渠化存在大、重型车转弯半径不够、左转自行车约束力不足、缺少机—非隔离、转向车辆过多等不合理的问题。

道路设计及组织渠化不合理是转向冲突事故的主要原因

5)部分交叉口视距及照明不足

部分交叉口由于对路侧设施的高度和离交叉口的远近规划不当,造成了转向车的视距不足,很容易造成事故隐患,见图 2-17。

6)交通安全设施不配套,缺乏警示、引导标识

交通设施在这里指设置于路面(侧)用来保证沿线行车安全的交通安全

设施，包括道路上的标志标线、隔离设施、路侧防护设施及排水设施等。这些设施都与交通安全密切相关，缺少其中任一种都有可能导致道路交通事故。特别是交通标志标线，对交通安全的影响更是有着直接关系。完好、齐备的标志标线能适时地为驾驶员行车提供准确可靠的行车信息，因此有人将道路上的标志线比作驾驶员行车的信息源，没有或缺少这些设施都将使行车陷入盲区。另一类与交通安全紧密相关的交通设施是用来分离交通的隔离设施。隔离设施主要用于使行人与机动车、机动车与非机动车、上行车与下行车互相分隔，各行其道，各不相扰，起到保障交通安全和畅通的作用。道路交通设施缺乏，是我国道路上的通病，作为交通安全部门必须予以重视。很多交叉口缺乏安全设施的标识，如限速标志或道路维修警示标志等，也缺乏加强地下通道、天桥、自行车道的引导标志，有些路口的行人信号灯不足或失修。

图 2-17　交叉口视距被遮挡

视距照明不足、缺乏警示标志使得交通参与者冲突规避能力下降

7）公交站设置及设计不合理

由于公交站设置不当，或缺乏港湾设计，使大量公交车停在交叉口附近，造成交叉口的拥挤，并且由于站台设计不当，大量的乘客等候在路面上，占用右转机动车道，同时进出公交车与自行车形成交织，从而造成大量冲突，见图 2-18。

图 2-18　公交站设置及设计不合理

3　平面交叉口弱势群体安全设计概述

为了保障道路交通的安全与畅通，根据道路条件、交通流特点和道路交通管理的需要，依照有关的法律、法规和技术标准，在道路上设置的附属设施和装置，称为道路交通设施[27]。通过分析查阅前人的研究成果并结合项目的研究结果，按照其设置目的和作用，道路交通安全设施大致可分为以下三类。

(1)为了保障交通安全，防止道路交通事故，在道路上设置的交通设施，称为交通安全设施，包括护栏、交通岛、人行天桥、人行过街地道、道路反光镜、视线诱导标、照明设备等。

(2)以限制、警告的诱导交通为目的而设置的交通设施，称为交通管理设施，包括道路交通标志、道路交通标线、交通信号控制系统、交通情报系统等。此类交通安全设施通常都具有区域性、时间性、限制性及可视性等特征，其作用集中地表现为以下几方面。

①约束和限制各种交通流，组织和调节道路交通；

②向车辆和行人公布并提示特定区域内的交通情况和交通管理信息；

③为交通管理部门开展交通管理工作提供科学的手段和执法依据。

(3)为了有效地发挥车辆的运输交通和道路的功能、保障交通安全所设置的道路交通设施，称为交通服务设施，包括公共汽车停靠站、客运汽车站、货运汽车站、公共及专用停车场、加油站、高速公路的服务区等。

道路交通安全设施是道路设施的重要组成部分，有效地运用道路交通安全设施，有助于充分发挥道路的交通效能。科学地设置和管理道路交通安全设施，是全面提高道路交通管理水平，改善道路交通运行状况，做好交通组织工作，保障交通安全，服务交通运输的重要途径。

道路交通安全设施的运用管理是道路交通管理工作的重要内容，道路交通安全设施的设置及运用要充分体现道路交通管理的意图,为道路交通管理总目标服务。它通过动态、静态相结合的形式,向道路使用者传递道路交通及交通管理信息,引导、约束交通参与者的交通行为,从而达到对道路交通实施调节与控制的目的。

3.1 设计思路及目标

在道路几何设计和交通管理两方面采取措施,从时间、空间上分离机非、机人冲突点,减小冲突区域、降低冲突严重程度、明确路权、减少违规,加强警示,使交通参与者及时或提早发现交通信号标志及其他潜在的交通冲突者,为弱势群体提供更为安全的交叉口通行环境。

3.2 设计要点

具体而言,提高弱势群体过街安全性可通过以下途径实现:

- ➢缩短行人的过街距离
- ➢行人、非机动车过街空间隔离及行为规范
- ➢行人、非机动车空间保障
- ➢加强让行,减少右(左)转机动车的干扰
- ➢降低机动车车速
- ➢调整信号配时,实现冲突的时间隔离
- ➢合理设置/设计公交站
- ➢改善视距及视认性

3.3 常见策略

改善道路交叉口安全,可从标志、标线、交通组织、信号优化、设施完善等角度出发进行交叉口安全设计[28][29][30][31][32]。表3-1~表3-6为常见策略及其作用对象、成本及主要效果。在下章将对典型措施从措施的描述、效果、设计原则及实施要点、配套措施等展开说明。

标　　志　　表 3-1

措施类型	作用对象	成　本	措施效果
安装前方信号灯标志	机动车	低	加强警示，明确路权
安装潮湿路滑标志		低	加强警示，降低机动车车速
更为醒目的标志		低	加强警示
停止标志		低	改善视距
限速标志		低	降低机动车车速
让行标志礼让行人、非机动车		低	降低机动车车速

路面标线或铺装　　表 3-2

措施类型	作用对象	成　本	措施效果
突起或醒目铺装的人行横道	行人、机动车	低	规范行人的过街行为、降低机动车车速
加宽的人行横道		低	行人空间保障、规范行人的过街行为、降低机动车车速
非机动车引导标线	非机动车	低	规范非机动车的路径
人行横道 + 停让行人标志	机动车	低	降低机动车车速
将停车线远离人行横道 + 停让行人标志		低	降低机动车车速
减速带 + 停让行人标志		低	降低机动车车速
左转机动车引导标线		低	规范左转机动车的路径

交通组织　　表 3-3

措施类型	作用对象	成　本	措施效果
交叉口附近限行，禁止机动车右转	机动车	低	减少右转机动车与行人、非机动车的冲突
交叉口附近限行，只允许右进右出		低	减少左转机动车与行人、非机动车的冲突
非机动车二次左转过街	非机动车	低	规范非机动车的过街行为，减少左转非机动车与机动车的冲突
行人二次过街或多段过街	行人	中	规范行人的过街行为，减少行人车与机动车的冲突

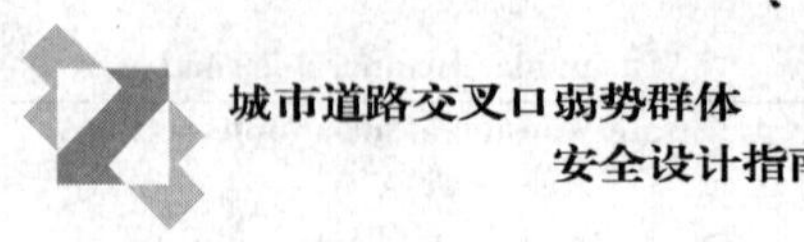

照明及反光材料应用　　表3-4

措施类型	作用对象	成本	措施效果
增强交叉口照明	机动车、行人、非机动车	中	改善视认性
反光标志		中	规范交叉口使用者的夜间过街行为、改善视认性
反光的自行车左转停止线/等待区		中	规范非机动车的夜间过街行为、改善视认性
反光的人行横道线	行人、机动车	中	规范行人的过街行为、改善视认性

设　施　　表3-5

措施类型	作用对象	成本	措施效果
加设行人信号灯	行人	中	时间隔离行人与机动车，规范行人的过街行为
倒计时行人信号灯		中	规范行人的过街行为
中央/路侧护栏		中	规范行人的过街行为
安全岛		高	缩短行人的过街距离
过街天桥/地下通道		高	空间隔离行人与机动车
合理设置/设计公交车站	行人、非机动车、机动车	高	规范行人的过街行为，减少冲突
在停让控制的交叉口消除阻碍视线的障碍物	机动车	高	改善视距
减速丘/带		高	降低机动车车速
安装附加信号灯头		高	改善信号灯视认性
使用悬臂式或悬挂式信号灯替代立柱式			

信号优化 表3-6

措施类型	作用对象	成本	措施效果
改善信号配时/时序	行人、非机动车、机动车	低	时间分离冲突
增加保护型/许可型左转相位		低	时间分离左转机动车与行人、非机动车的冲突
使用分开独立相位		中	时间分离冲突
限制/消除红灯右转		中	时间分离减少右转机动车与行人、非机动车的冲突
增加全红清空时间		低	保障行人过街时间
增加行人相位		中	时间分离机动车与行人冲突

以上表格中提到的关于交通弱势群体安全改造的对策对应的事故减少值可以参考 International Road Assessment Programme（iRAP）(http://www.irap.org/toolkit)中的相关内容。但是在实践中，这些减少值与当地的道路环境有很大的关系。

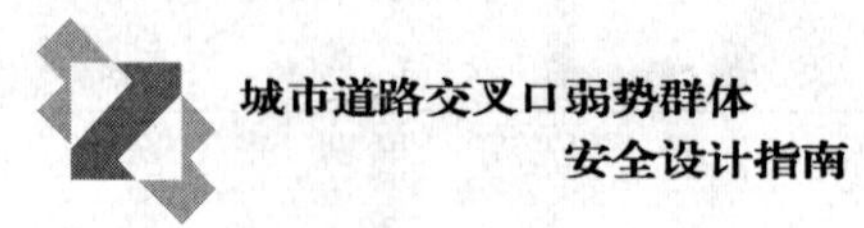

4 改善平面交叉口弱势群体安全典型措施

4.1 缩短行人过街距离

目标

- ➢使行人垂直于交通流以最短距离过街
- ➢减少行人与机动车的冲突,减少行人在机动车交通流中的暴露
- ➢提高行人过街的遵章率
- ➢增加行人过街的安全感

4.1.1 减小缘石转弯半径

1)措施描述及效果

行人过街的长度等于出入口车道、中间分隔带宽度之和。缘石半径越大,行人穿越距离越长。合理的缘石转弯半径设置不仅可满足机动车转弯,也能保障行人垂直于交通流以最短距离安全过街。

图4-1是以路面宽度18.2m的道路为例,缘石转弯半径与行人穿越距离的关系。其中,半径为4.6m时,行人穿越的距离为18.9m;半径为7.5m时,行人穿越的距离为21.3m;半径为15.2m时,行人穿越的距离为30.5m。

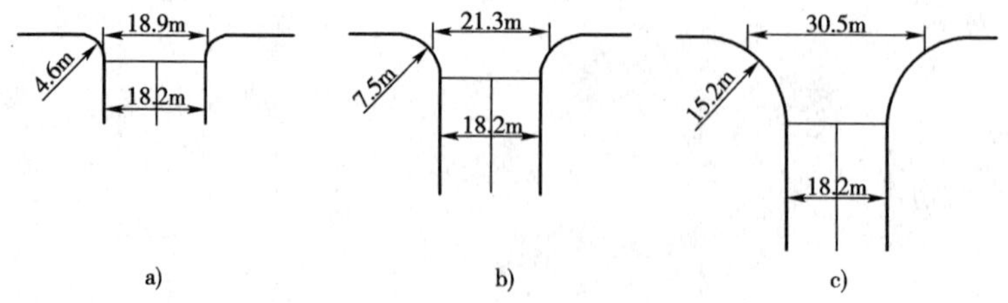

图4-1 缘石转弯半径与行人穿越距离的关系

通过此措施,可达到以下效果:

(1)缩短行人过街距离;

(2)降低了机动车右转车速;

(3)增加了行人反应时间和反应距离;

(4)改善了行人和右转车视距;

(5)减少了右转车与行人的事故。

表4-1反映了缘石转弯半径与右转机动车速度的关系。

交叉口缘石转弯最小半径 表4-1

右转弯计算行车速度(km/h)	30	25	20	15
交叉口缘石转弯半径(m)	33~38	20~25	10~15	5~10

注:非机动车车行道宽度为6.5m时用小值,为2.5m时用大值,其余宽度可内插。

对有一条路侧停车带的道路,也可通过拓展弯道达到类似效果,并可增加人行道面积,见图4-2。

另外针对不同的道路断面形式,缩短缘石转弯半径的措施的有效性也有所不同,这一措施对于一块板的道路效果最好。

2)设计原则和实施要点

(1)满足大多数社会车辆在一定行驶速度下的转弯半径要求,同时满足特种车辆的最小转弯半径要求。特种车辆有救火车、救护车、校车、公交车等。

车辆转向时,从瞬时转向中心到前外轮轨迹中心线的距离称为转弯半径 R,轴距 L 是一个不变值。因此在外轮摆转角 α 最大时 R 最小。规定不大于24m。

$$R_{min} = L/\sin\alpha_{max}$$

半径为10.7m,能使得右转车道一辆货车或者公共汽车通过。

(2)要计算右转车的延误、排队长度,满足右转专用车道的通行能力的要求。

(3)大转弯半径的车辆,可通过交通组织引导,从相邻道路通过。

(4)满足视距清空的要求,注意满足排水要求。凸出的路缘部分应有隔离桩等防止机动车进入步行道,以免行人受到伤害,见图4-3。

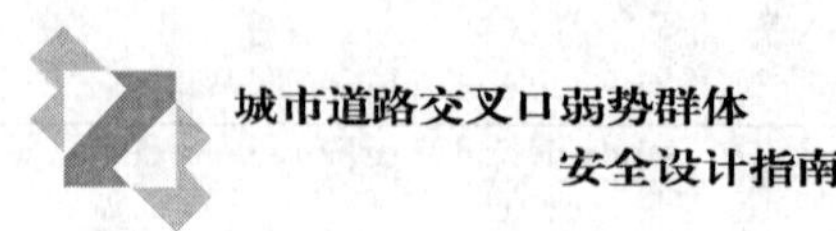

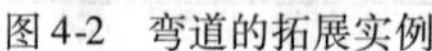
图4-2　弯道的拓展实例

图4-3　道桩示意图

3)适用范围

减小缘石转弯半径适用于行人交通量大的地区,或转弯机动车车速过高、机动车不让行行人比例高的交叉口;不适于右转弯车辆过多的城市道路。

4)配套措施

配套措施应满足照明的要求,防止机动车因为夜间视线不好撞上路缘或障碍物。

4.1.2　行人安全岛

1)措施描述及效果

行人安全岛是抬高或非抬高的行人过街驻足区的统称。一般可设在中央分隔带或机非分隔带,见图4-4。

图4-4　安全岛示例

安全岛起源于1862年，当时利物浦警察局在市内的6个十字路口设置了行人安全地带，这就是世界上最早的行人安全岛雏形。

《城市道路交通规划设计规范》中规定：当道路宽度超过4条机动车道时，人行横道应在车行道的中央分隔带或机动车道与非机动车道之间的分隔带上设置行人安全岛。

国外的行人二次过街设施一般分为三种形式：基本行人安全岛设施（Basic Pedestrian Refuge Islands）、三角形安全岛（Pork Chop Islands）和长行人安全岛（Split Pedestrian Cross – Overs）。

通过设置安全岛，可达到以下效果：

（1）缩短行人一次过街距离；

（2）阻止机动车太靠近行人；

（3）改善行人视距；

（4）增加行人反应时间和反应距离；

（5）增加行人的安全感及舒适性，减慢步速；

（6）减少直行车与行人的事故。

2）设计原则和实施要点

（1）按照交叉口情况，选择适宜的安全岛形式。

基本行人安全岛：一段高出于地面的石台面积较小，宽为1.2～1.8m，长为2.4～3.6m，位于双向道路的隔离带中间；

三角形安全岛：紧临右转车道，将不受信号控制的右转车道与受信号控制的直行车分开，为行人通过直行车道后，通过右转车道前提供等待的区域；

长行人安全岛：比基本行人安全岛更长、更宽的安全岛设施，位于双向道路的隔离带。

安全岛可采取有、无中间分隔带两种设置形式，见图4-5。

（2）驻足区服务水平应满足一定要求。

表4-2为驻足区服务水平建议分级标准。

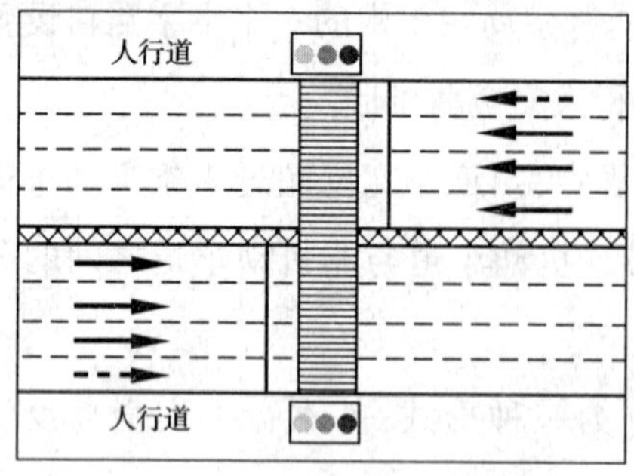

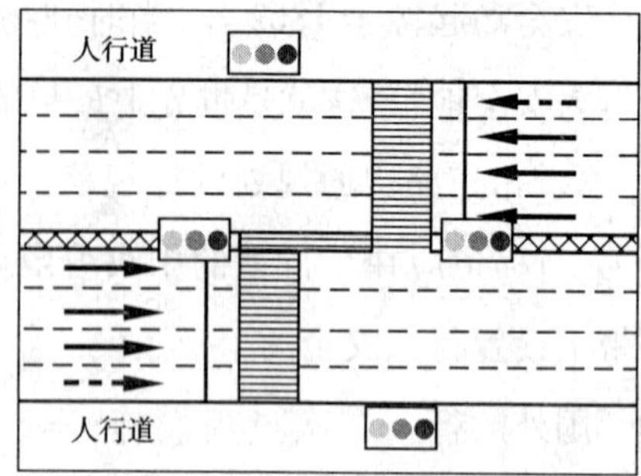

a)

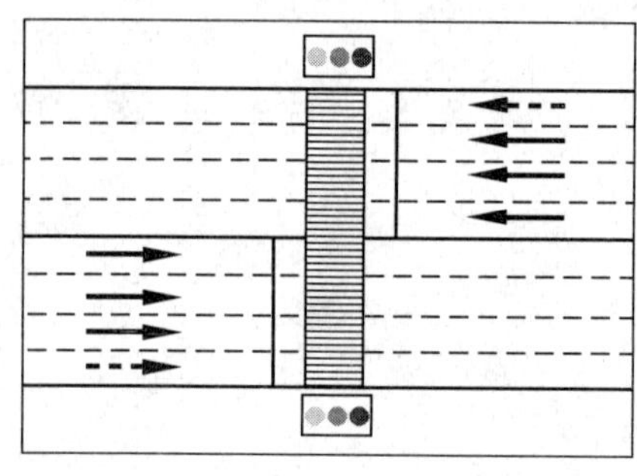

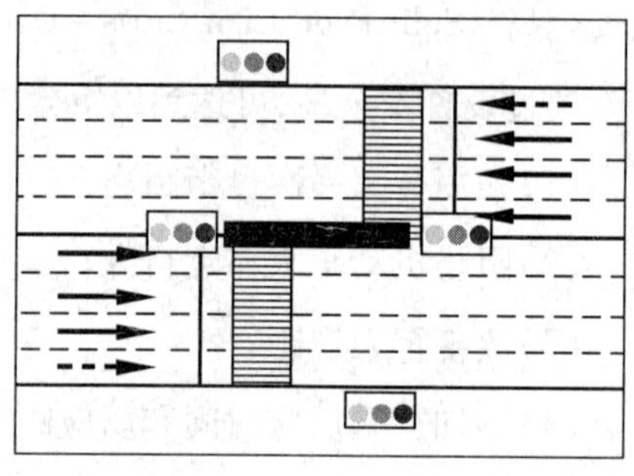

b)

图 4-5　有无中间分隔带的安全岛设置

a)有中间分隔带,采用高出地面的物理安全岛;b)无中间分隔带,一般采用标线画出安全岛,并加以护栏保护

图例:机动车行驶方向　非机动车行驶方向　人行横道　隔离带　安全岛

注:图中机动车停止线距人行横道的距离可取 0.5m。

驻足区服务水平　　表 4-2

服务水平	行人占地面积(m^2)	说　明
A	大于等于 1.21	可以站立或自由穿过驻足区,而不会干扰区内其他人
B	0.93 ~ 1.21	可以站立或不干扰驻足队内其他人做有限制的活动
C	0.65 ~ 0.9	可以站立或进行有限制的活动,但要干扰驻足区内其他人,该密度仍在使人舒服的范围内
D	0.28 ~ 0.65	站立时不同他人接触是可能的,在驻足户区内行动要受到很大限制,在这一密度下,长时间等待使人很不舒服
E	0.19 ~ 0.28	站立时不可避免同他人接触,在驻足区内活动不可能,在这种密度下驻足只能持续很短时间,否则会感到非常不舒服
F	小于等于 0.19	站立时不可避免同他人接触,在驻足区内活动不可能,在这种密度下行人感受十分不舒服

驻足区的服务水平应保持在D级以上，否则应调整驻足区面积或缩短等待时间。

3）适用范围

行人安全岛应设置在双向4车道以上、机动车流量大、行人特别是老人、小孩和残疾人流量大、过街频繁的路段上。

4）配套措施

（1）安全岛应尽量设护栏。

（2）未抬高的安全岛应设置隔离桩（阻止掉头车辆进入）。

（3）根据交叉口情况或交通控制系统的要求，在有安全岛的道路上，应对行人进行协调或独立的二次过街信号控制，其中：

①同步二次过街信号控制：在道路边缘和分隔带上信号灯显示同样的信号；绿灯长度应满足绿初过街的行人至少能到达另一段人行横道的中央。不能避免绿末进入的行人在中央分隔带安全岛上等待下一次通行信号。

②在安全岛上等候时间不超过1个信号周期：可设置分方向的行人信号，以充分发挥安全岛的作用，但该措施会增加行人的过街延误。

③四相位信号交叉口可利用左转相位放行一部分行人至安全岛，减少行人等候时间。

④两相位的路段可将按钮式信号灯分为两个独立的信号设置，有行人需要穿越时按过街按钮，变为绿灯时通行至安全岛，另一侧的绿灯时间在行人到达安全岛后出现。

5）案例分析：北京东四十条环岛西进口行人安全岛设置

（1）交叉口描述。

北京东四十条交叉口是一个坐落在东二环中部的环岛，东出口是工人体育馆路，西出口是东四十条大街，在桥下是东二环路主路，见图4-6。

在西进口有一个地铁站，因此行人流量很大，在高峰时段常常发生交通拥堵。

这是一个两相位信号交叉口，信号周期90s，车道分布见表4-3。

图4-6　北京东四十条交叉口航拍图

车道分布图　　表4-3

	西进口	南进口	东进口	北进口
车道组成	直—直—直—右	直—直—右	直—直—直—右	直—右

(2)措施分析。

改造前问题:过街距离大,没有安全岛及行人信号灯,机人冲突严重,见图4-7。

图4-7　改造前照片

改造措施描述:西进口安装行人二次过街安全岛,见图 4-8。

图 4-8　改造后照片

(3)评价指标。

◇ 安全岛使用率

◇ 行人通过交叉口的平均步速

◇ 行人感受评价

(4)数据对比分析。

◇ 安全岛使用率

说明:通过调查,有 89% 的行人通过交叉口时需要使用安全岛等待过街。给大部分行人一个可以等待的区域,减少了发生事故和冲突的概率。

◇ 行人通过交叉口的平均步速

说明:通过调查,行人的平均步速由原来的 1.3m/s 降为 0.9m/s,可以看出,行人在通过交叉口的时候,因为有安全岛存在,使其可以不必快速甚至跑步通过交叉口,减少了安全隐患。

◇ 行人感受评价

说明:通过安装安全岛,给过街的行人和自行车提供了一个在道路中央等待的安全空间。通过问卷调查,79% 的道路使用者认为通过路口的安全性增加了。

4.2 行人过街空间隔离及行为规范

《中华人民共和国道路交通安全法实施条例》第四章第四节第七十五条:行人横过机动车道,应当从行人过街设施通过;没有行人过街设施的,应当从人行横道通过;没有人行横道的,应当观察来往车辆的情况,确认安全后直行通过,不得在车辆临近时突然加速横穿或者中途倒退、折返。

《2006 北京市交通发展年度报告》指出,在 2005 年处理的 1193.5 万起违章行为中,自行车和行人的违章行为总数达到 164.9 万次,占总数的 13.8%。

目标

- 明确行人的路权
- 在空间上隔离行人和其他交通流
- 提高行人过街的遵章率
- 增加行人过街的安全感
- 提高交叉口的运行效率

4.2.1 专用行人过街设施

1)措施描述及效果

通过专用行人过街设施(地下通道、过街天桥、人行横道等,见图 4-9)的措施,使得过街行人与其他交通流空间隔离,减少行人与机动车的冲突,提高行人安全及运行效率[30][43]。

2)设计原则和实施要点

(1)人行道施划应确保行人尽可能垂直机动车道以最小距离通过交叉口。

图 4-9　专用行人通道

a）地下通道；b）过街天桥；c）人行横道；d）步行街

（2）人行横道宽度不宜小于 3.0m。

（3）过街天桥、地下通道考虑残疾人车辆的需要，尽量采取缓坡设计。

（4）过街天桥和坡度要考虑老年人过街，尽量减小坡度，有条件时安装扶梯。

（5）道路两侧存在大量人流来往的大型建筑物或地铁，可结合实际条件设置人行天桥和地下通道，人行天桥和地下通道两端与建筑物或地铁进出口整体设计。

表 4-4 为不同行人在各类道路设施上的空间需求。

不同行人的空间需求　　表 4-4

不同特性行人	空间尺寸（m）	对应的道路设施
行人（行走状态）	0.5	人行道、人行横道
轮椅（运行状态）	0.9	人行道、人行横道、缓坡
推行婴孩车或轮椅者	1.7	分隔带宽度，安全岛宽度

3)配套措施

(1)对人行横道,通过设置行人信号灯从时间上明确行人路权。

(2)应配合护栏等空间隔离设施及引导标志促使行人使用人行设施,详见下节。

(3)加强地下通道的安全性,延长安保工作时间,安装摄像头,改善交叉口的照明条件,增加行人夜间的可视性。

(4)行人要有足够的空间等待过街,临时施工时需要考虑行人的组织。

4)适用范围

当满足下列条件时,应设置过街天桥或地下通道:

(1)横过交叉口的一个方向的步行人流量大于5000人次/h,且同时进入该交叉口的当量小汽车交通量大于1200辆/h。

(2)通过环形交叉口的步行人流总量达18000人次/h,且同时进入环形交叉口的当量小汽车交通量达到2000辆/h。

(3)行人需横过城市快速路。

(4)铁路与城市道路相交道口,因列车通过一次暂时阻隔步行人流超过1000人次/h或道口关闭时间超过15min。

4.2.2 行人隔离设施

1)措施描述及效果

通过安装护栏、隔离桩等设施,在空间上隔离行人及机动车或加强行人专用设施使用的遵章率,见图4-10。具体措施有:

(1)在交叉口通过设置行人护栏,促使行人使用行人专用设施;

(2)与中央分隔带护栏同时使用,阻止行人在不安全的路段穿行;

(3)在交叉口设置其他突起的隔离设施,如隔离桩、抬高的人行道等,阻止机动车与行人混杂。

图4-10 行人护栏的设置

以上措施将大大减少行人因“违章穿行机动车道”引发的事故。但在提高行人安全性的同时，可能增加了行人的过街距离和过街能量消耗。

2）设计原则和实施要点

（1）护栏的高度一般要1.3m，接近交叉口处要进行高度渐变设计，满足交叉口机动车视距的要求；

（2）公交站点附近应尽量安装道路中间隔离护栏，护栏长度应该合理，最佳绕行距离为直接过街距离的1.2倍；

（3）尽量兼顾残疾人、老年人的通行需求；

（4）人行道桩高度不应该低于0.4m，桩间距应该控制在0.8～1.5m之间，不应妨碍无障碍通行[33]。

3）配套措施

设置行人护栏时，应尽量配合中央分隔带，并设置警告标志、提示标志、引导标志，见图4-11。

a)

b)

图4-11　行人护栏的设置与其他措施配合

a）行人护栏与中央分隔带护栏同时使用；b）行人护栏与交通标志配合

4）适用范围

商业区、交通枢纽地区、公园等休闲娱乐场所附近等机动车交通和步行交通量都大的场所，特别是行人违规在机动车道行走或穿越比例高的交叉口，适宜采用行人隔离措施。

4.3 非机动车过街空间隔离及行为规范

非机动车交通在日常生活中占有很重要的地位,《北京市第三次居民出行调查分析报告》指出城八区居民出行采用自行车约占37.96%,远郊区县居民则占46.45%。

《2006北京市交通发展年度报告》指出,2005年,北京市因非机动车驾驶人原因造成的事故有869起,受伤319人,死亡106人,平均每起死0.12人,伤0.37人。因此,规范非机动车过街行为对提高非机动车安全性有着重要影响。

目标

- 明确非机动车的行驶路径及路权
- 从空间上隔离非机动车和机动车,消除冲突点
- 提高非机动车过街的遵章率
- 增加非机动车过街的安全感
- 提高交叉口的运行效率

4.3.1 非机动车道隔离设施

1)措施描述及效果

机非护栏、机非隔离带的设计,可以将非机动车与机动车交通流在空间上有效分隔,减少非机动车与机动车的冲突,提高非机动车在交叉口的安全性,见图4-12。

图4-12 机非护栏

2)设计原则和实施要点

(1)中央分隔护栏的长度要满足

最短长度的要求,且临近交叉口的端头应与非机动车停车线平齐。

(2)中央分隔护栏的高度一般 1.3m,临近交叉口可通过六扇(约 18m)坡度渐变段,将 1.3m 高度规格的护栏柔和地过渡到 0.7m 高度规格的护栏,满足交叉口机动车视距的要求。

(3)保障非机动车道及非机动车轨迹连续性。

(4)保障非机动车道宽度。当非机动车交通量过大、一个信号相位不能将非机动车完全放行时,可考虑增加护栏内非机动车道宽度,或增加立体的非机动车过街设施,如:带缓坡的过街天桥、带缓坡的地下通道。

不同速度下自行车占用道路面积不同,在 10km/h 时为 $5.2m^2$,12km/h 时为 $6.2m^2$,15km/h 时为 $10.3m^2$,20km/h 时为 $12.1m^2$。

也有研究显示,自行车的速度与所需的动态面积有下列函数关系:

$$L = 1.9 + 0.14V_{max} + 0.0092V_{min}^2$$

0.14 和 0.0092 分别为制动时的反应系数和制动系数,V_{max} 为行驶时的最大车速(km/h),V_{min} 为制动前减速后的车速(km/h)。

(5)机非护栏的外侧要设置反光装置,避免机动车产生单方碰撞事故。

3)配套措施

(1)机非护栏要设置相应的标志和标线,引导非机动车行驶轨迹。

(2)在非机动车流量较大,或形状复杂、视距受限的交叉口施画连续的非机动车轨迹线,保证非机动车与其他交通流分离开来并且有完整的行驶轨迹,缩小非机动车与其他交通流冲突面积,减少冲突点,见图 4-13。

4)适用范围

机非隔离护栏或隔离带适用于非机动车交通量大的交叉口,或机非冲突严重的交叉口。

图 4-13　连续的非机动车道

5)案例分析:北京东四十条环岛护栏调整

(1)交叉口描述。

交叉口介绍描述见4.1.2 5)案例分析。

(2)措施分析。

改造前存在问题:环岛内部分非机动车不按规则使用非机动车道,占用机动车道行驶。

改造措施描述:改变护栏的长度和设置位置,规范非机动车行驶轨迹。将此环岛分成6个断面,见图4-14,并对部分断面机非护栏的长度、护栏位置以及非机动车道宽度进行调整。

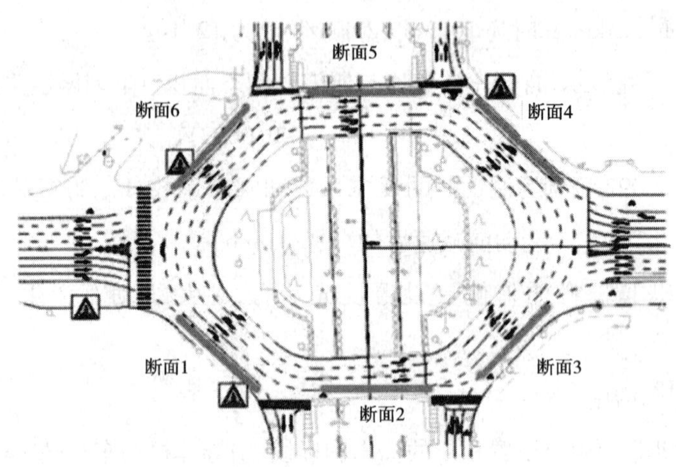

图4-14 环岛断面划分图

部分护栏长度及进出口改变见表4-5。

护栏长度及进出口改变 表4-5

断面名称	调整前长度(m)	调整后长度(m)	进出口变化	效果
1	33	33	进口缩短3m,出口延长3m	改善非机动车在不同护栏间的衔接流畅度
3	18	30	进口缩短1.5m,延长出口护栏13.5m	改善非机动车在不同护栏间的衔接流畅度
4	33	36	进口缩短3m	改善非机动车在不同护栏间的衔接流畅度

另外,对于断面1,非机动车道加宽1m,断面1和断面3的弧形导向线变成直线,在断面1和断面6之间安装9m的机非护栏。

(3)指标。

◇ 断面遵章率

(4)改造前后数据对比分析

选取高峰小时(17:30~18:30)、平峰小时(15:00~16:00)进行调查,表4-6~表4-8、图4-15~图4-17是改造前后的数据对比分析。

高峰小时非机动车遵章率 表4-6

断　面	改造之前	改造之后
1	20%	31%
3	45%	43%
4	65%	83%

平峰小时非机动车遵章率 表4-7

断　面	改造之前	改造之后
1	19%	48%
3	42%	56%
4	65%	59%

高峰平峰平均断面遵章率 表4-8

断　面	改造之前	改造之后
1	20%	37%
3	42%	47%
4	65%	75%

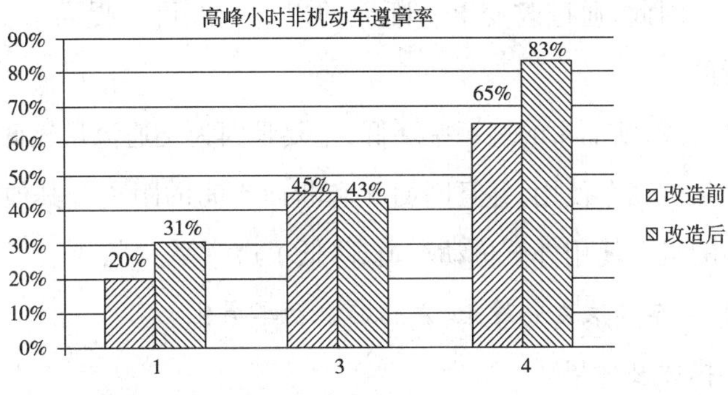

图4-15　高峰小时非机动车遵章率

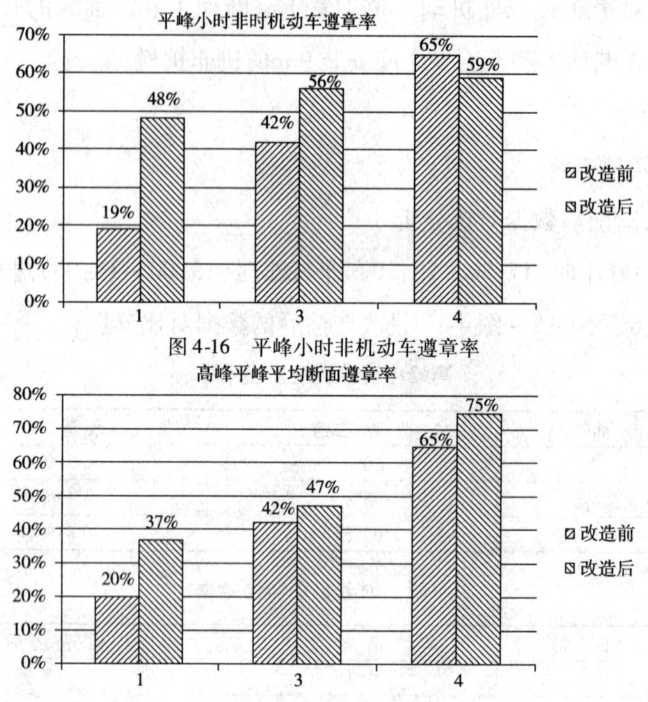

图4-16　平峰小时非机动车遵章率

图4-17　高峰平峰平均断面遵章率

说明:通过改造,几乎所有断面的遵章率都得到了提高,所有断面的平峰高峰平均遵章率都有了提高,但是由于非机动车道的宽度相对较窄,因此总体遵章率较低。

在高峰时段,断面4的遵章率大幅度增长,主要是因为断面3的出口延长12m,使得非机动车在断面3和断面4之间行驶的更加顺畅,所以遵章率得到了提高。因此,通过改变上一断面的出口长度可以提高下一断面的遵章率是可行的。

在平峰时段,断面4的遵章率降低,主要是因为交通流量较低,外侧车道常常只有少量机动车使用,并且断面3和断面4间的距离较其他断面长,给自行车更多的机会使用外侧机动车道,降低了遵章率。

4.3.2　非机动车二次左转过街/左转非机动车渠化

1)措施描述及效果

通过设置左转待驶区等措施使机动车二次左转,或施画左转非机动车渠化线并使其与左转机动车在左转相位同时左转，从而将左转非机动车与直行机动车的冲突进行时空分离，提高了交叉口的运行效率及左转自行车骑行者的安全[34][35]。

具体的二次左转措施有：

(1)在交叉口内施画自行车二次左转停止线或等候区；

(2)使左转自行车先右转，再随行人信号灯二次过街。

以上措施提高了交叉口运行效率，又使得非机动车有安全的时间路权左转。消除了左转非机动车与机动车的冲突，但是先行右转的二次左转措施增加了非机动车的行驶距离。

图4-18中阴影部分为非机动车二次左转待转区。

2)设计原则和实施要点

(1)因自行车启动较快，所以二次待转线(或区)可以停在直行机动车前，但一个信号周期内自行车最大左转流量所要求的待转区面积不能妨碍右转车道。

(2)先行右转的二次左转措施应使用护栏将自行车和机动车隔离。

3)适用范围

在交叉口内施画自行车二次左转停止线或等候区适用于四路交叉口中四相位交叉口或者禁止车辆左转的两相位交叉口。且交叉口具有可施画待转区的条件。

4)配套措施

(1)设置非机动车引导标志并施画连续的引导标线；

(2)设置机动车让行标志；

(3)先行右转的二次左转措施应使用护栏将先行右转的二次左转自行车和机动车隔离，且施画宽度适中，并行于行人过街横道的自行车道。

5)案例分析：北京西单交叉口二次左转线设置

(1)交叉口描述。

西单交叉口坐落在北京西长安街上，周围有大量的购物中心和银行，行人流量相当大，南北向有供行人过街的地下通道(行人不允许从路面进行南北向过街),东西向在路面上有人行横道,见图 4-19。

西单是一个平面立交交叉口,车辆交通组织方式如图 4-20 所示。

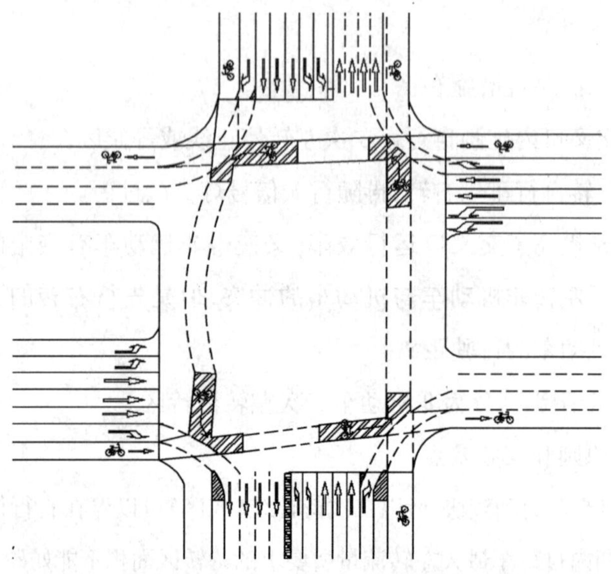

在交叉口内施画非机动车二次左转停止线或等候区

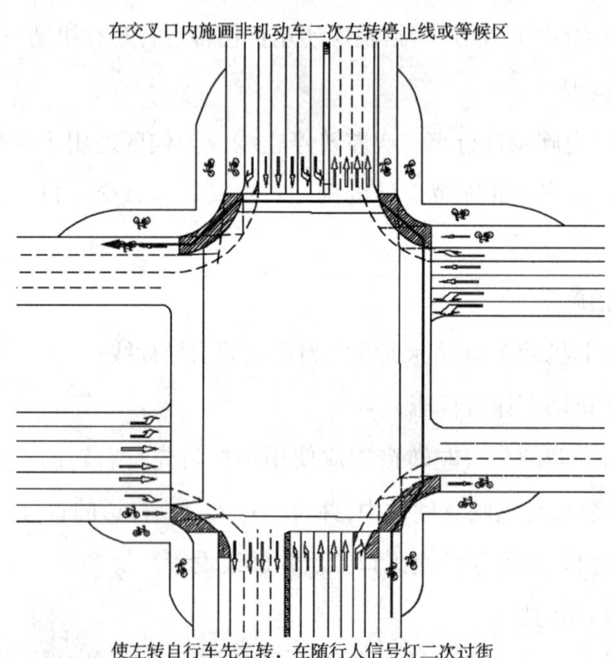

使左转自行车先右转，在随行人信号灯二次过街

图 4-18　左转非机动车二次过街设计

图 4-19　西单交叉口航拍图

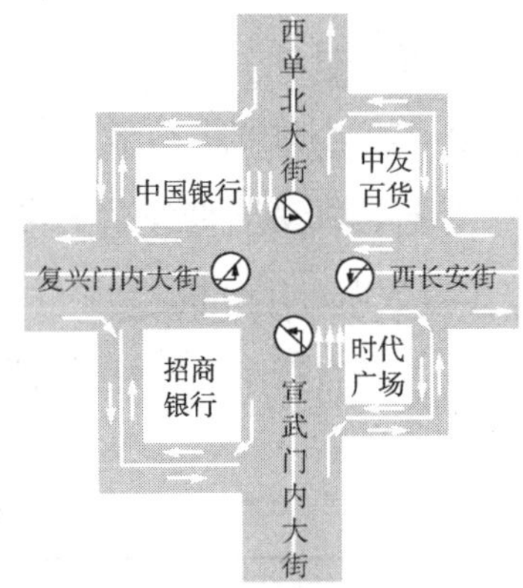

图 4-20　西单交叉口车辆交通组织方式

西单交叉口为二相位交叉口,信号周期随着时间的不同而改变,表 4-9 为该交叉口的车道分布图。

交叉口车道分布图　　　　表 4-9

车道组成	西 进 口	南 进 口	东 进 口	北 进 口
	直—直—直—直 + 右	直—直—直—直 + 右	直—直—直—直 + 右	直—直—直—直 + 右

(2)措施分析。改造前问题描述:大量左转非机动车采取一次左转的方式通过交叉口,造成交叉口的混乱,产生危险,见图 4-21。

改造措施描述:在路面为自行车设置二次左转待转线,以此规范左转非机动车的过街行为,见图 4-22。

图 4-21　改造前照片

图 4-22　改造后照片

(3)指标。

◇ 左转自行车二次过街占所有左转自行车的比例

◇ 单位小时非机动车二次左转严重冲突及占总冲突的比例

◇ 右转机动车85%及平均车速

(4)数据对比分析。

◇ 左转自行车二次过街占所有左转自行车的比例见表4-10、表4-11、图4-23。

改造前数据　　表4-10

进口道	自行车交通量（辆/h）	二次左转自行车辆数（辆/h）	二次左转自行车辆比例(%)
南进口	1108	231	21
北进口	558	74	13
东进口	513	112	22
西进口	497	144	29

改造后数据　　表4-11

进口道	自行车交通量（辆/h）	二次左转自行车辆数（辆/h）	二次左转自行车辆比例(%)
南进口	504	398	79
北进口	464	356	77
东进口	476	368	77
西进口	220	158	72

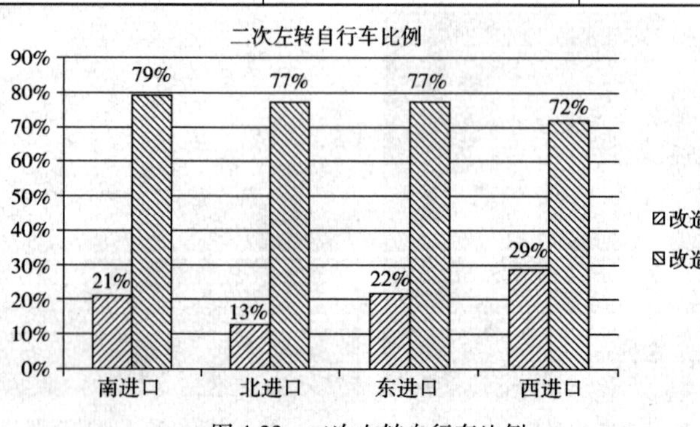

图4-23　二次左转自行车比例

说明:从图 4-23 可以看出,通过在路面施画自行车二次左转待转线,自行车二次左转占自行车左转的比例有了很大提高,而且几乎所有的二次左转自行车都使用二次左转线等待左转。

◇单位小时非机动车二次左转严重冲突及占总冲突的比例,见图 4-24、图 4-25。

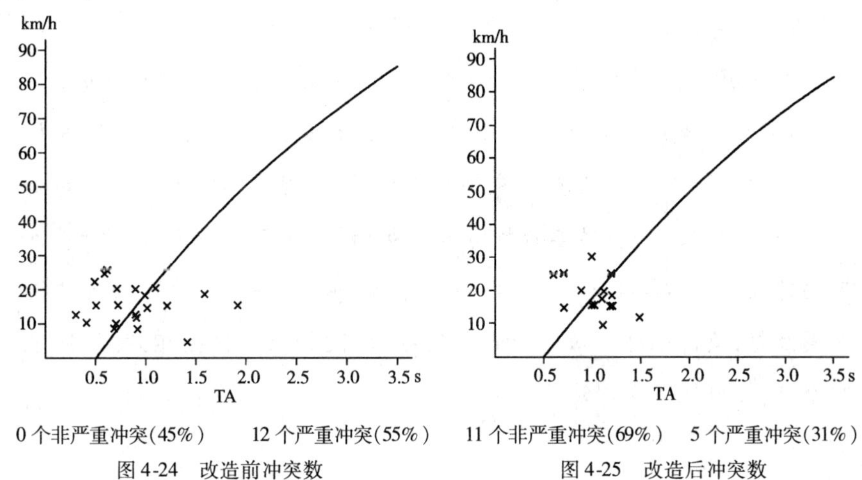

图 4-24　改造前冲突数

图 4-25　改造后冲突数

说明:从冲突的数据可以看出,冲突总数从 22 降到 16,其中严重冲突数由 12 个降到 5 个,严重冲突的比例也降低(从 55% 降到 31%)。

◇右转机动车 85% 及平均车速,见表 4-12。

右转机动车 85%及平均车速　　表 4-12

	改 造 前	改 造 后
平均车速(km/h)	16.5	15.4
85%位车速(km/h)	22	20.7

说明:从表 4-12 可以看出,采取为自行车设置二次左转待转线的措施后,由于有大量自行车停在二次左转线上,对所在进口的右转机动车的车速产生了影响,导致右转机动车因为左转等候的自行车的阻挡而减速甚至停车,从而使右转机动车的车速降低,从而达到保护行人和非机动车安全的作用。

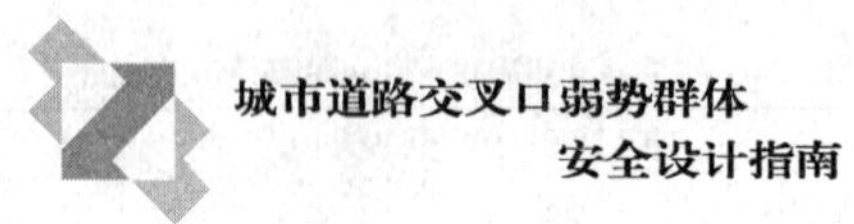

4.4 减少右转机动车干扰

“司机总是观察来车和寻找交通间隙，却会忽略人行横道上的行人”-T. Redmon, ITE 杂志，2003 年 4 月。

在中国，绝大多数的交叉口不限制右转车的通行。《道路交通安全法》规定机动车行经人行横道时，应当减速行驶；遇行人正在通过人行横道，应当停车让行。但根据交通调查结果，右转机动车主动让行的比例仅为 22.57%，而右转车的平均车速为 15.29km/h。行人过人行横道时遇行驶中的右转车不让行时，停下等待，损失了绿灯时间，继续过街时遇红灯，使得红灯进入的行人也继续通行，如此恶性循环，既降低了安全性，又降低了通行效率。

目标

➢ 从时间上、空间上消除或减少右转机动车与行人、非机动车在交叉口的冲突

➢ 降低右转车车速，降低右转机动车与行人、非机动车在交叉口的冲突严重程度

➢ 明确行人、非机动车的路权，提高机动车让行比例

4.4.1 让行行人、自行车标志、标线

1）措施描述及效果

让行行人、自行车标志、标线是为了让右转机动车在通过交叉口时减速慢行，让行人、自行车先通过。图 4-26、图 4-27 为国内、国外的让行行人标志及标线。

该措施可减少右转车与行人、自行车之间的冲突及事故，减少行人及相交道路机动车的延误，同时可能会降低行人闯红灯比例。

图 4-26　国内减速让行标线

图 4-27　国外减速让行标志

2)设计原则和实施要点

(1)设有“减速让行”标志的交叉口,应设减速让行标线。

(2)减速让行标线应设在最有利于驾驶员瞭望的位置。一般可设在主干道缘石延长线上。如有人行横道线时,减速让行线应距人行横道线1.5～3m。

(3)减速让行线必须垂直于行车道。

(4)环形交叉口,进口道宜设置减速让行线。

3)适用范围

行人减速让行标志及标线宜设置或施画在右转车速较高或行人自行车过街量较大的交叉口。

4)配套措施

配合辅助标志,提示机动车让行行人。

4.4.2　*右转红灯*

在信号交叉口处,行人与右转机动车的冲突主要有以下 3 种情况[36]:

(1)右转机动车与侧向行人同相位放行导致两者冲突,如图 4-28 中冲突 A;

(2)绿灯末期过街或步速较慢的行人与下一相位右转机动车发生冲突,如图 4-28 中冲突 B;

(3)允许右转机动车红灯时通行而导致的右转机动车与同进口过街行人的冲突，如图4-28中冲突C。

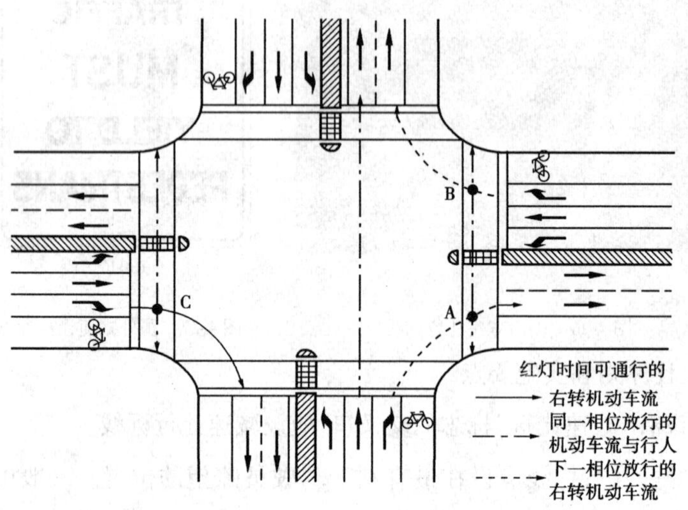

图4-28　行人与右转机动车的冲突示意图

1)措施描述及效果

(1)有专用右转相位的交叉口右转车在右转箭头灯为红灯时禁止通行。

(2)两相位交叉口右转车在红灯时禁止右转车通行。

通过该措施,可减少行人、非机动车与右转车的冲突,明确行人、非机动车的路权,从时间上分离右转车和行人、自行车的冲突,还可从时间上分离右转车与相交道路直行车的合流冲突。

2)设计原则和实施要点

(1)行人绿灯比右转机动车绿灯早启3～5 s，使等候过街的第1拨行人提前通过冲突点,同时保证右转机动车驾驶员看清行人并及时避让;

(2)可以全天使用,也可以仅在早晚高峰行人流量大的时候使用,以提高交通效率。

(3)右转机动车延误在可接受范围,否则应采用立体化的空间隔离措施或右转车分流措施(见措施4.4.3)。

3)适用范围

(1)行人与右转机动车流量均较大,两者之间冲突多的交叉口。

(2)视距有限,有U形调头交通穿越,较大的行人/自行车流量,有特殊的行人团体,临近铁路或者轻轨交叉口。

4)配套措施

(1)与行人相位的配合,行人相位早起早结束,避免右转车速度过快反而造成更为严重的事故。

(2)注意加强交通管理,避免行人闯红灯。因为行人闯红灯可能发生更为严重的事故。

(3)设置辅助标志提示行人比右转弯车辆具有优先权,以避免同相位放行的行人与右转机动车冲突,见图4-29。

图4-29 红灯时禁止右转标志

5)案例分析:北京大望交叉口设置右转机动车红绿灯

(1)交叉口描述。

大望交叉口坐落在北京国贸桥和四惠桥之间,起着连接长安街和京通快速路的作用,见图4-30。

大望交叉口是十字交叉口,东进口衔接京通快速路,西进口是长安街延长线,南北进口为西大望路。附近有超过20条公交线路及地铁,很多乘客需要在这里换乘,SOHO和其他一些大型购物中心也导致了很多交通吸引,交通流量相当大,混合交通流导致了大量的交通延误和冲突。

大望交叉口是一个四相位车道分布的信号交叉口,信号周期可变。表4-13、图4-31为车道分布。

图4-30　大望交叉口航拍图

大望交叉口车道分布　　　　表4-13

车道组成	西进口	南进口	东进口	北进口
	左—直—直—右	左—直左—直—右	左—直—直—右	左—直—直—右

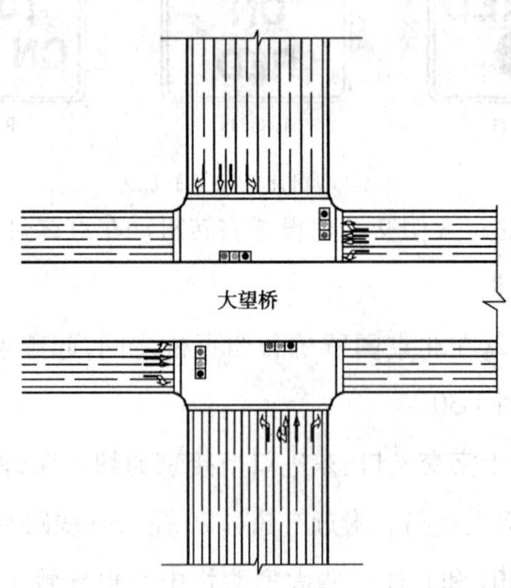

图4-31　大望桥交叉口车道分布图

(2)措施分析。

改造前问题描述:南进口的右转机动车的流量很大,与直行非机动车和行人有很多冲突，见图 4-32。

改造措施描述：南进口设置右转机动车红绿灯，见图 4-33。

图 4-32　改造前照片

图 4-33　改造后照片

(3)指标。

◇ 单位小时南进口右转机动车严重冲突数及占总冲突数比例

◇ 右转机动车平均车速和 85% 车速

(4)数据对比分析。

◇ 南进口右转机动车严重冲突数及占总冲突数的比例，见图 4-34、图 4-35。

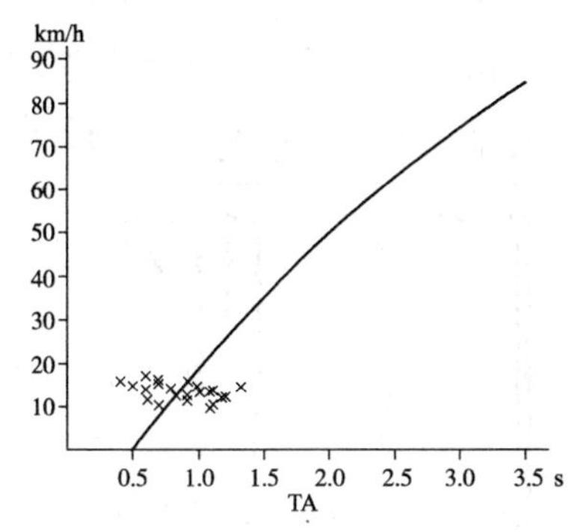

18 个非严重冲突(56 %)　14 个严重冲突(44 %)

图 4-34　改造前冲突数

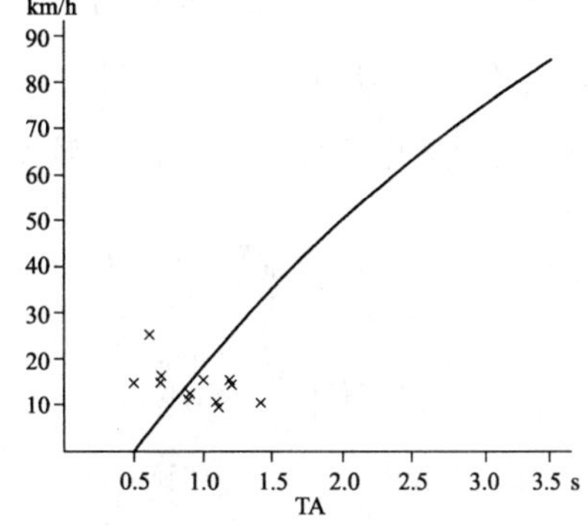

12 个非严重冲突(63 %)　7 个严重冲突(37 %)

图 4-35　改造后冲突数

说明：从冲突图可以看出，通过改造，总冲突数下降（从 32 个下降到 19 个），其中严重冲突数的绝对数字（从 14 个下降到 7 个）和占总冲突数的比例（从 44% 下降到 37%）都有所下降。

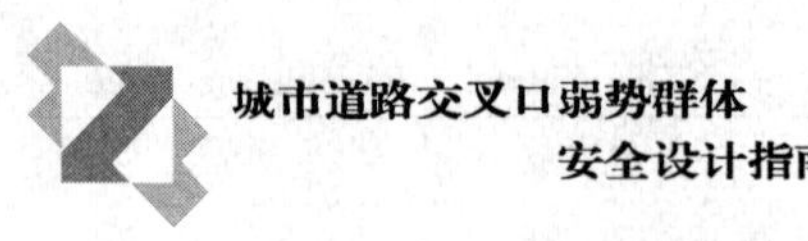

◇ 右转机动车平均车速和85%车速,见表4-14。

右转机动车平均车速和85%车速　　表4-14

	改造前	改造后
平均车速(km/h)	15.9	15
85%位车速(km/h)	20	18.9

说明:从表4-14可以看出,使用机动车右转信号灯后,由于没有了西向东直行的影响,右转机动车的车速有了提高,但是因同时设置了非机动车二次左转线,部分等待的非机动车压缩了右转机动车道宽度,对车速有了一定的影响,因此车速没有明显变化。

4.4.3 禁止右转

1)措施描述及效果

禁止机动车在指定的交叉口右转,见图4-36。右转的机动车提前在前一交叉口右转或者通过相邻道路实现右转。通过该措施,可彻底消除右转机动车与行人、非机动车在交叉口的冲突。

此措施的缺点是增加了右转车的绕行距离。

作为一种变通方法,还可将右转车提前置换至自行车道右侧,消除右转机动车在交叉口与非机动车的冲突,但由于此法可能会将冲突转移到路段上来,因此适用于路段交通流量较小,承受冲突能力较大的情况,见图4-37。

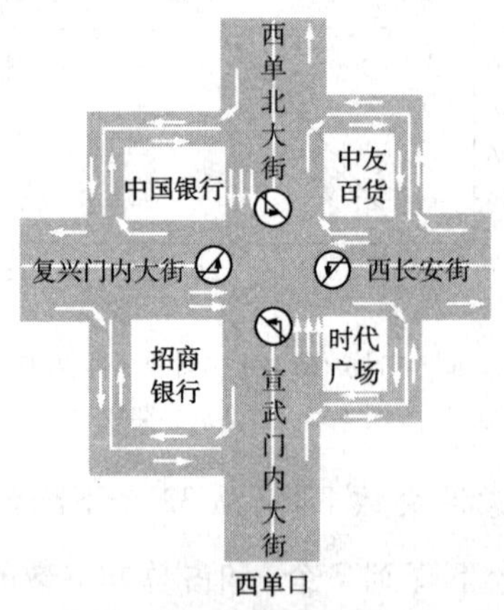

图4-36　禁止右转的交叉口交通组织方式

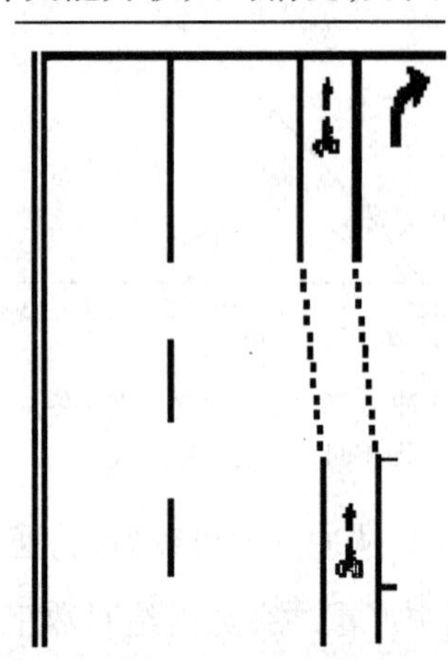

图4-37　右转车提前置换至自行车道右侧

2)设计原则和实施要点

3)适用范围

(1)视距受限时;

(2)行人/非机动车流量较高,与直行或右转车辆冲突严重的交叉口;

(3)右转车交通量很大,右转车排队长度超过右转车道的长度时;

(4)上一交叉口距离较近,小于100m;相邻道路有平行道路组织交通,右转机动车可在前一交叉口提前右转。

4)配套措施

提前设置指路引导标志。

4.5 降低机动车车速

NOTE

《世界预防道路交通伤害报告》中引用前人的研究成果[37]指出:行人被低于30km/h的汽车碰撞,有90%的存活机会;如果速度高于45km/h,行人存活机会低于50%,见图4-38。

因此,降低机动车车速是提高交叉口弱势群体安全性的重要举措[21][38][39]。根据北京市主干道交叉口的机动车夜间的车速数据调查,得到平均车速、85%位、50%位车速分别为42.3km/h、58.75km/h和45km/h,普遍偏高,存在较严重的事故隐患。

目标

➢降低机动车通过交叉口时的速度

➢增加驾驶员发现行人、非机动车的时间

➢减少机人、机非冲突/事故

➢降低冲突/事故的严重程度

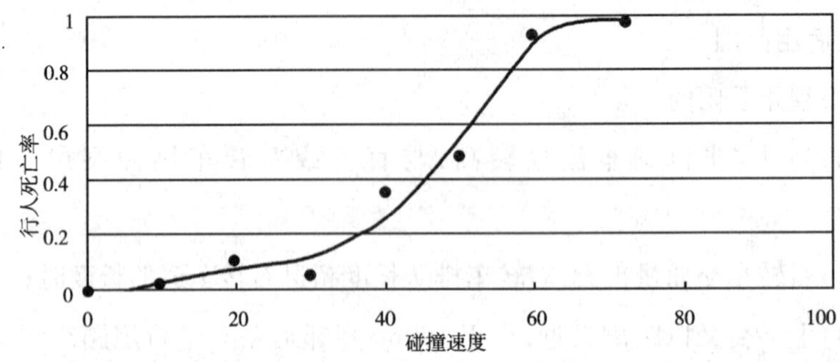

图 4-38　碰撞速度和死亡率关系图

4.5.1　限速标志

1）措施描述及效果

限制速度标志表示该标志至前方解除限制速度标志的路段内，机动车行驶速度（单位为 km/h）不准超过标志所示数值。一般设在需要限制车辆速度的路段的起点。图 4-39a）为限制速度为 40km/h 的示例。

解除限制速度标志表示限制速度路段结束。一般设在限制车辆速度路段的终点。标志的颜色为白底、黑圈、黑细斜杠、黑字。图 4-39b）所示为限制速度是 40km/h 的路段结束。

图 4-39　限速及解除限速标志示例

a）限制速度；b）解除限制速度

该措施可减少机人、机非事故/冲突，降低机非事故、机人事故的严重性。

2）设计原则和实施要点

（1）限速标志与解除限速标志一同使用；

（2）可以全天使用，也可以仅夜间使用，夜间使用的限速标志应有足够的可视性；

（3）最高限速值应参考 85% 位车速值及实际情况；

(4)限速值应能被大多数的驾驶员所认同且遵守,从而提高驾驶员遵守的自觉性;

(5)限速标志应设置在能够让绝大多数驾驶员明显注意的地方;

(6)设置时综合考虑多种因素,避免考虑个别因素而忽略其他重要因素,从而产生设置不合理和不符合实际情况的现象。

(7)必要时采用多级限速预告并注明限速原因。

3)适用范围

(1)机动车通行速度很快,且过街行人及非机动车较多的交叉口;

(2)驾驶员视距受限,行人和非机动车不易被发现的交叉口;

(3)机人事故、机非事故严重或事故较常发生的交叉口。

4)配套措施

(1)限制速度标志可与摄像头、测速区配套使用。

(2)必要时可与减速带(见措施4.5.2)配合使用。

4.5.2 减速带

1)措施描述及效果

减速带主要包括横向振动带、减速丘、视觉减速带。

横向振动带能够提供听觉和振动的警告,提示驾驶员前方交叉口,另外具有警告作用,以降低行车速度。

减速丘有与横向振动带同样的效果。

视觉减速带则主要通过视觉效果,起到提示或促使驾驶员减速的作用。也可设计粗糙路面或彩色铺装的人行道,起到振动带及视觉减速带的作用。但此类措施的缺点是有噪声,对车辆的损耗较大,建议慎用。[40][41][42]

考虑人性化因素,可将减速带设计为间断式,即在原有减速带相应于汽车轮轨迹线处设置"空缺",使其成为间断式,从而呈现锯齿型,见图4-40。该减速带在达到减速效果的同时,降低车轮通过时的颠簸,这可以实现多重效应,包括提高交通安全性能,减少车辆噪声和污染物排放,同时也可延长减速带和车辆的使用寿命。

图4-40　间断式减速台、减速带

2)设计原则和实施要点

(1)凸起减速带应垂直于行车方向;

(2)减速带应有反光膜或材料;

(3)减速带的设计应当考虑人性化,将减速带设计为间断式。

3)适用范围

支路或机动车流量小的其他等级道路,无信号交叉口。

4)配套措施

配合安装指示标志或警告标志,提示前方减速慢行,同时避免追尾事故。

4.5.3　道路线形设计

1)措施描述及效果

通过减小缘石半径、变直线段为曲线段、压缩道路宽度等几何线形设计,可有效降低机动车的车速(详见4.1)。

减小缘石半径、压缩道路宽度的措施除有效降低机动车通过交叉口时的速度外,还可缩短行人、非机动车的过街距离,并提供有足够的空间设置行人/非机动车驻足区。

2)设计原则和实施要点

(1)不同车型分道行驶,小型机动车行驶的道路设置较窄的宽度、较小的半径,大型车行驶的道路设置较宽的宽度、较大的半径;

(2)与相邻道路协调。

3)适用范围

(1)行人和非机动车流量大、机动车流量较小的交叉口;

(2)景区道路。

4.6 优化信号配时

目标

➢保障行人和机动车的清空时间,减少闯红灯的比例

➢时间分离行人、自行车与机动车的冲突

➢提高交叉口的运行效率

1)措施描述及效果

(1)调整黄灯/全红清空场地时间。

调整黄灯相位间隔,或调整全红清空场地时间,使行人和机动车都有足够的清空时间,减少闯红灯频率,研究表明此措施可减少 15% 的冲突,右转车道减少 30% 的冲突[44]。

图 4-41 为调整黄灯间隔与闯红灯的关系,横坐标为黄灯时间,纵坐标为闯红灯的频率。

(2)调整信号周期的长度。长周期造成车辆、行人等待时间加长。这样会造成驾驶员和行人的不耐烦,引起闯红灯或者不遵守信号灯的情况发生。

图 4-42 为信号周期长度与延误的关系示意。

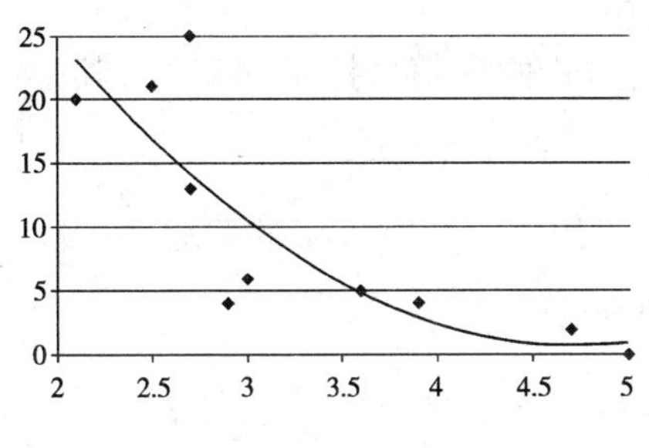

图 4-41 黄灯间隔与闯红灯的关系

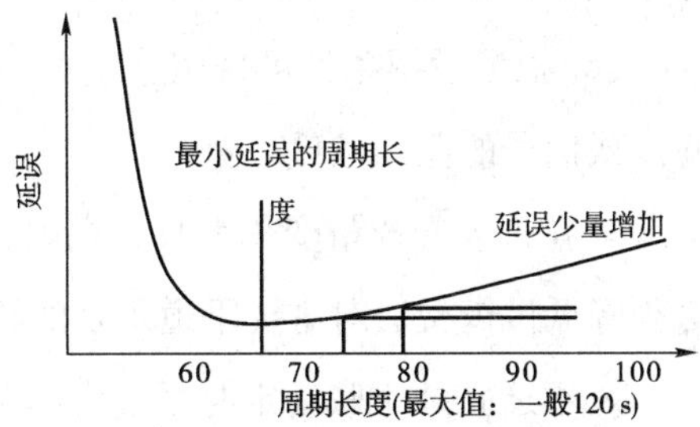

图 4-42 信号周期长度与延误的关系

(3)调整信号相位、相序和相位差,分离各种交通流。

(4)使行人、非机动车信号早起早结束,对规范行人行为及减少与转弯车辆的冲突,尤其是与右转车的冲突有效。

(5)定周期变为自适应控制。在实时流量数据基础上,动态的分配通行时间,尽可能减少延误,提高效率。

(6)增加行人、自行车相位,可以从时间上分离行人、自行车和机动车交通流,明确行人、自行车的路权,减少行人闯红灯比率,减小行人、自行车过街时与机动车的冲突。

(7)行人全相位设计,给予行人单独的时间,全方向通过交叉口,保证行人的过街安全,在行人流量较大的商业区适用。

2)设计原则及实施要点

(1)行人信号灯应有足够的绿灯时间保证行人能够按照正常步速安全通过。绿灯长度应满足绿灯初期过街的行人能够在绿灯时间内通过一半以上的人行横道。

(2)保证行人过街用尽量少的等待时间,一般应小于60s,超过60s可考虑分两段过街或在一个周期内给行人两次绿灯。绿灯时间太短或等待时间太长的时候,行人闯红灯的可能性增大。

(3)周期最大不宜超过180s。

(4)黄灯时间一般为3~5s。

(5)调整非机动车二次过街与直行信号的相位差,使行人、非机动车信号早起2~4s,避免与机动车的冲突[45]。

(6)根据适用条件可采用感应式和定时式两种信号控制方案[45],其中,感应式信号的应用条件是:

➢在行人交通量变化大且不规则、难于用定时控制处置的路段,以及在必须降低过街交通对主要干道干扰的路段上;

➢不适宜处于联动定时系统中的路段;

➢过街交通只在一天的部分时间里需要信号控制的地方;

➢感应控制在轻交通量交叉口或时段,不致使主要道路上的交通产生不必要的延误；

➢在几个流向的交通量时有时无或多变的复杂路段上。

定信号控制的适用范围：

➢因信号启动时间可取得一致而有利于同相邻交通信号的协调，特别是要联结几个相邻交通信号或一个信号网络系统；

➢不存在路边停车及其他因素影响车辆检测的正常工作的路口；

➢适用于大量、均匀行人交通的地方。

3）配套措施

（1）采取多种方式提供明确的等待时间，如设置倒计时信号灯、动态眼等提示行人调整速度。

（2）设应答式行人信号灯。行人可以通过按钮请求绿灯时间。采用此种信号灯从发出请求到放行的等待时间要尽量短。按下按钮后，要通过显示信号告诉行人，系统已接受请求，见图4-43。

图4-43　行人信号灯

a）按钮式（APS）倒计时行人信号灯；b）倒计时行人信号灯；c）动态显示；d）行人信号灯加让行标志

(3)必要时需要交通协管员配合管理。

(4)专用转向车道应与专用信号相位相配合。

高峰小时一个信号周期进入交叉口左转车辆多于3或4pcu(小交叉口为3 pcu,大交叉口为4 pcu)时,宜增设左转专用车道。

高峰小时一个信号周期进入交叉口右转车多于4pcu时,宜增设右转专用车道。

4)适用范围

行人信号灯适用于城市信号控制交叉口。

4.7 优化公交站点、地铁出入口的设置及设计

目标

➢明确行人的路权,提高行人过街的遵章率

➢改善站点处视距,引导行人在公交车后穿越

➢减少行人、非机动车与机动车的冲突,减少其暴露在机动车交通流中

➢增加行人过街的安全感

1)措施描述及效果

(1)合理设置公交站点、地铁出入口;

(2)设计公交港湾;

(3)调整密集线路;

(4)完善站点的等候区域与机动车道的隔离设施;

(5)站台与人行道之间设人行横道连接。

通过这些措施,可改善站点处乘客上下车的秩序,减少冲突,并为乘客提供安全舒适的等候空间和通行空间。

图4-44~图4-46为几种有利于乘客上下车安全的站点设置方式。公交港湾效果最佳,但有可能出站合流时困难。

图4-47为改善站点处乘客安全的站点设施的照片。

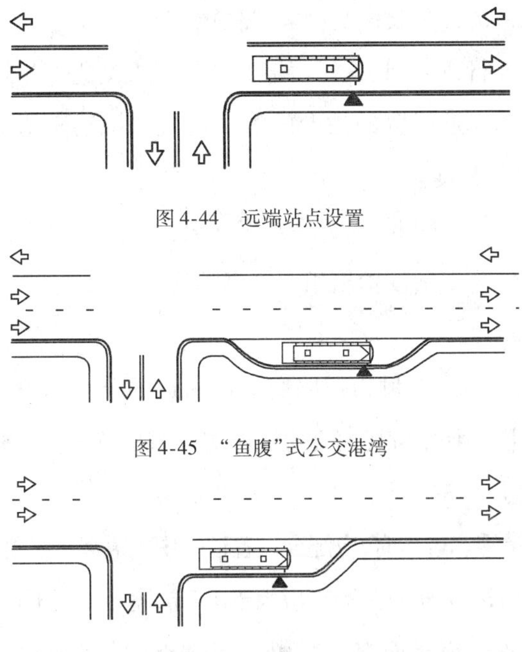

图 4-44　远端站点设置

图 4-45　“鱼腹”式公交港湾

图 4-46　开放式公交港湾

a)

b)

图 4-47　公交站点常见设施

a)护栏;b)行横道

2)设计原则

(1)公交停靠站应布置在交叉口的下游(远端设置);在下游布置停靠站有困难时,可将直行或右转线路的停靠站设在交叉口的上游。

(2)将过于集中的站点拆分或改线或设置大型的公交港湾,有条件的设公交专用道,并进行一体化设计。

(3)公交站台的面积要满足乘客等候的需求。

(4)站台与人行道之间、人行横道宽度与行人交通量相匹配。

(5)紧邻机动车道设置的站台的等候区域与机动车道隔离设施的长度要大于等于站台的长度。

(6)站台要满足照明要求,提高乘客在公交站点的可视性。

(7)不宜紧邻公交站设置出租车停靠站。

3)适用范围

此方案适用于所有的城市道路交叉口附近的公交站点。尤其是交叉口公交线路密集、上下乘客与其他交通流冲突较多的交叉口。

4)配套措施

(1)当有大量乘客过街时,应配合设置道路中央隔离护栏避免行人不经行人过街设施直接过街,行人护栏的高度应大于1.2m,满足行人不得跨越的要求。

(2)合理设置街道对面交通吸引点与站点的相对位置及人行横道,尽量缩短行人过街距离,有效降低乘客斜插过街的行为,提高行人过街遵章率。设置护栏后,实际过街距离不宜超过过街最短距离的1.5倍;

(3)公交站点附近人行道宽度应达到设计通行能力,满足行人通行需求,最小宽度1.5m,人行道的实际通行能力为2400 人/(h×m)。施工期间的行人交通组织也应尽量满足通行需求。

5)案例分析:北京大望路交叉口公交站优化设置

(1)交叉口描述

北京大望路交叉口介绍见4.4.2 5)(1)。

(2)措施分析

改造前问题描述:北出口的公交车站离交叉口很近,无站台,无中央隔离护栏及路侧行人隔离护栏,造成交叉口的混乱,见图4-48。

改造措施描述:南进口建造公交站台及设公交专用道,在公交站台施画到人行便道之间的人行横道,见图4-49。

北出口公交站北移,见图4-50。

图 4-48　改造前照片

图 4-49　改造后照片(南进口新增公交站)

图 4-50　公交站北移后的北出口

(3)指标。

◇ 行人使用交叉口的人行横道过街的比例及在公交站台施画到人行便道之间的人行横道的比例

(4)数据对比分析。

说明：改造前下车过街的乘客仅有 35% 使用交叉口的人行横道过街，改造后有 95% 的乘客使用交叉口的人行横道过街。下车后有 43% 的乘客使用站台处非机动车道的人行横道。

4.8 改善视距及视认性

目标

➢提高所有用路者的视觉环境效果

➢改善照明情况，减少夜间事故

➢改善静态视距及车辆行驶中的动态视距，保证机动车驾驶者的反应时间

➢增加交通设施及道路使用者的可视性

4.8.1 改善交叉口静态视距

1）措施描述及效果

改善静态视距的措施有：

（1）清空视距三角形范围内的障碍物，路侧物体（包括：柱子，路灯，信号灯杆、标志及其他设施）尽可能地远离路侧。

（2）合理的停车线设计，即左转车道停车线后退，为右转车辆提供视距，并方便大型车辆转向，见图4-51a）。停车线垂直于人行横道，使得驾驶员更易发现行人及时采取措施，见图4-51b）。

a)

b)

图4-51　合理的停车线设计
a）后退的左转车停车线；b）垂直于人行横道的停车线

（3）设置高度渐变的交叉口护栏，避免机动车过晚发现行人和非机动车引发道路交通事故。

(4)合理设置道路中央以及两侧的分隔带的绿化,避免对视距的影响。

(5)完善道路照明设备,避免夜间照明死角,减少潜在的冲突区域。

通过以上措施可改善静态视距,保证机动车驾驶员的反应时间。

2)设计原则

(1)满足视距三角形的要求,清空驾驶员视线高度、视距三角形范围内的障碍物。常见的视距有停车视距、判断视距等,要求满足驾驶员在无路权情况下,察觉可能同其他车辆和行人、自行车的冲突并做出反应,以三角形表示,见图 4-52。

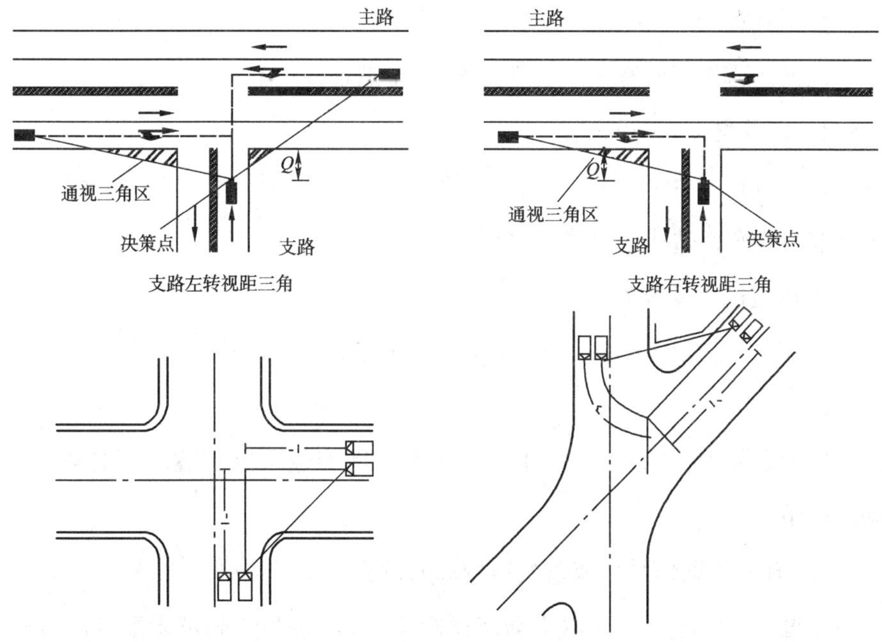

图 4-52　视距三角形

停车视距是指足够驾驶员察觉道路和要通过交叉口上的物体并做出判断并采取制动直到车辆停止的距离。

判断视距是指距离足够驾驶员发现突然的情况,调整行驶车速和路径,有效地安全地完成操作过程。这要求车辆必须在交叉口之前特定的车道内完成。

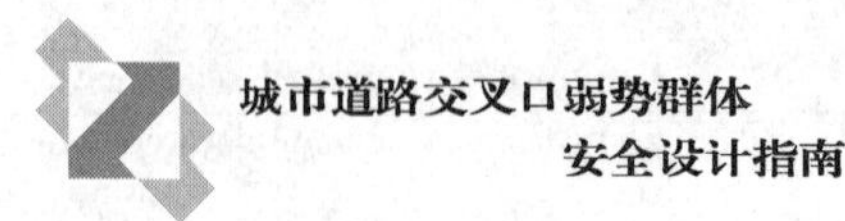

(2)以下是视距设计的基本准则：

①在信号灯控交叉口，各进口第一辆车停在停车线内，应能被其他进口第一辆车看到，并可观察到交叉口内的行人、非机动车；

②左转车辆应有足够的视距，以选择可接收的对向车队间隙完成左转，同时可发现过街行人、非机动车；

③主路红灯右转时，应能及时看到相交道路行驶非机动车，满足对非机动车让行的条件。

(3)视距应符合城市道路设计规范中的相关规定。

3)适用范围

此方案适用于所有城市道路交叉口，特别是视距不好的交叉口。

4.8.2 改善交叉口动态视距

行车过程中由于大型车辆遮挡，使得小型车驾驶员不易发现信号灯、行人和非机动车而造成违章或冲突。

1)措施描述及效果

(1)设减速及警示标志提示机动车减速慢行，并注意信号灯、行人、非机动车；

(2)设警示标志提示行人不要在大型车间穿越可以有效改善交叉口的动态视距。

(3)补充辅助信号灯或改变信号灯的设置位置。

通过以上措施可避免由于动态视距不好，机动车驾驶员未能及时发现危险引发的道路交通事故。

2)设计原则

动态视距遮挡严重的交叉口可将信号灯、标志设为悬挂式或悬臂式；道路两侧或中央分隔带可设辅助信号灯。

3)适用范围

此方案适用于所有城市道路交叉口，特别是大型车比例高的交叉口。

4.8.3 提升道路设施及道路使用者的可视性

1)措施描述及效果

措施包括:

(1)儿童带小黄帽或举小黄旗;

(2)道路两侧或中央分隔带安装辅助信号灯;

(3)增设行人信号灯;

(4)隔离护栏上的反光装置,使得非机动车道易于被机动车发现,注意避让,防止机动车撞护栏的事故;

(5)提升交叉口的照明,提升交通标志标线的亮度;

(6)夜间行人穿戴反光衣物或非机动车安装车灯、反光设备。

以上措施能使道路使用者在较远的距离、复杂条件下或夜间及时了解交叉口的情况,使得驾驶员能在发现弱势群体后及时采取措施,减少事故的发生。

2)设计原则

(1)交叉口双侧或者中间护栏处可设辅助信号灯;

(2)立交桥下可设辅助信号灯。

3)适用范围

此方案适用于面积较大、环境复杂、过街儿童较多及夜间事故较多的交叉口。

5 交叉口安全评价

在交叉口安全评价方面,前人做了很多相关的研究,也取得了相当多的成果[48][49],本《指南》结合以往研究成果,利用层次分析法,进行交叉口弱势群体交通安全评价。

5.1 层次分析法

层次分析法(AHP)[47]是国外20世纪70年代末提出的一种新的系统分析方法,它适用于结构较为复杂、决策准则较多而且不易量化的决策问题。

层次分析法的基本内容是:首先根据问题的性质和要求,提出一个总的目标,然后将问题按层次分解,对同一层次内的诸因素通过两两比较的方法确定出相对于上一层目标的各自的权系数。这样层层分析,直到最后一层,即可给出所有因素相对于总目标而言的按重要性程度的一个排序。具体叙述如下:

第一步:明确问题,提出总目标;

第二步:建立层次结构,把问题分解成若干层次。第一层为总目标;中间层可根据问题的性质分为目标层(准则层)、约束层等;最底层一般为方案层或措施层;

第三步:求同一层次上的权系数(从高层到低层);

第四步:求同一层次上的组合权系数;

第五步:一致性检验。

5.2 交叉口安全评价指标的选取和权值的确定

评价交叉口安全最直接的指标是事故数。因事故数较难预测,可通过该交叉口的冲突数及冲突的严重程度来间接表征[47]。在本《指南》中,通过层次分析法的方式分析改善策略及具体措施与目标的关系,图5-1为通过层次分析法建立的结构图,从中可以看出目标、策略和改善措施间的层次关系。

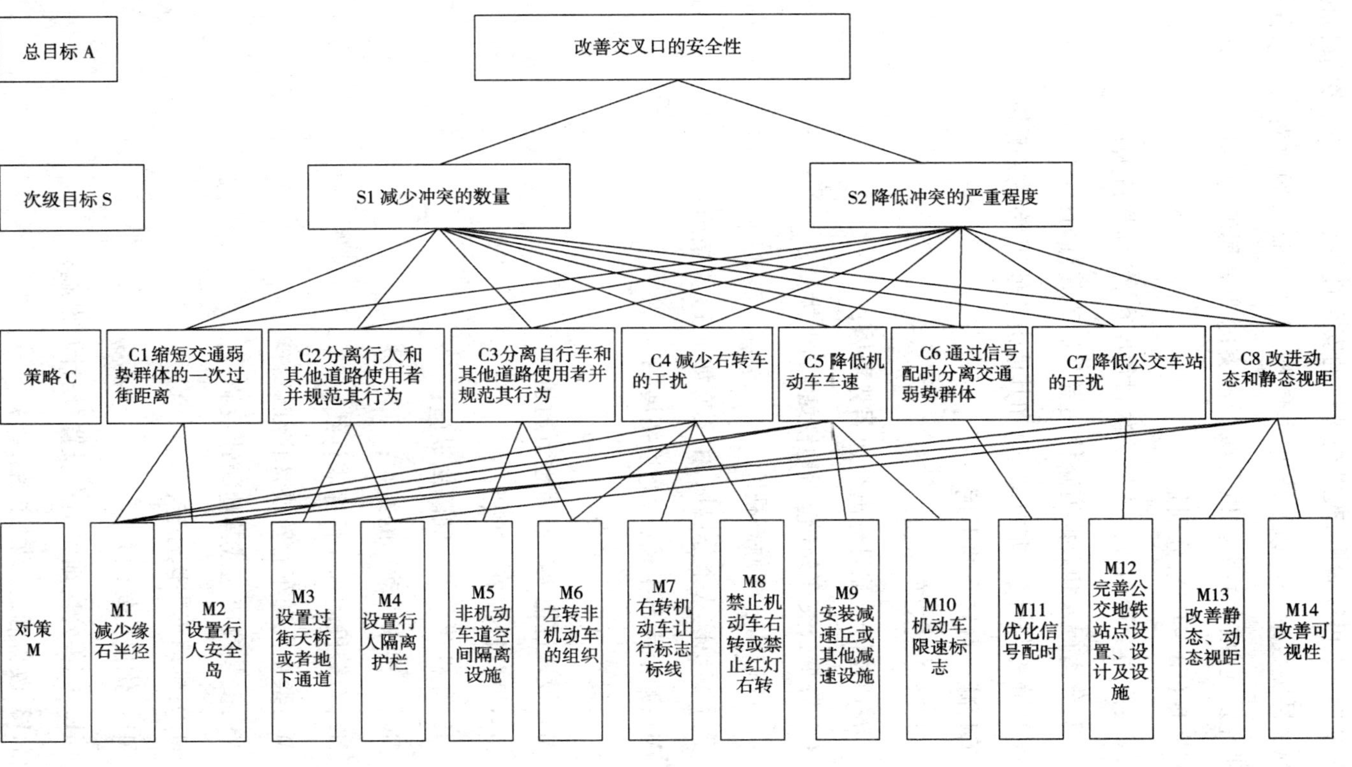

图 5-1 目标、策略和措施关系层次图

从图5-1可以看出,改进交叉口的安全性可以通过两个次级目标实现,即减少冲突数量(S1)以及降低冲突严重程度(S2),通过对历史事故调查分析研究发现,减少冲突数以及减低冲突的严重程度可通过八个分目标或途径来实现(C1~C8),分别是:

C1:缩短交通弱势群体的一次过街距离,特别是行人;

C2:分离行人和其他道路使用者并规范其行为;

C3:分离自行车(非机动车)和其他道路使用者并规范其行为;

C4:减少右转车的干扰;

C5:降低机动车车速;

C6:通过信号配时分离交通弱势群体;

C7:降低公交车站(包括地铁站)的干扰;

C8:改进动态和静态视距。

为了实现这八个分目标,主要有如下14类措施:

M1:减小缘石半径(含弯道拓展);

M2:设置行人安全岛;

M3:设置过街天桥或者地下通道;

M4:设置行人隔离护栏;

M5:非机动车道空间隔离设施;

M6:左转非机动车的组织;

M7:右转机动车让行标志标线;

M8:禁止机动车右转或禁止红灯右转;

M9:安装减速丘或其他减速设施;

M10:机动车限速标志;

M11:优化信号配时;

M12:完善公交地铁站点设置、设计及设施;

M13:改善静态、动态视距;

M14:改善可视性。

相邻层次间的关系可通过连接线表示，见图 5-1。各指标的权重关系可通过 AHP 方法，结合专家经验、冲突调查及历史事故数据得出，同层次间重要程度的比较打分标准见表 5-1。

重要程度打分标准 表 5-1

相对重要程度	定　义
1	同等重要
3	略微重要
5	相当重要
7	明显重要
9	绝对重要
2,4,6,8	介于两相邻重要程度间

在本《指南》中，因为降低死亡数量对于改善交叉口的安全状况最为重要，而死亡数量和冲突的严重程度直接相关，因此降低冲突的严重程度（S2）和减少冲突数量比较为重要（打分为 2），打分结果列在矩阵中，见表 5-2。

总目标和次级目标（A-S）权重打分表 表 5-2

A	S1	S2	权　重
S1	1	1/2	0.33
S2	2	1	0.67
CR	0		

同样可得到 S1-C（次级目标 1 对于 8 个策略 C）和 S2-C（次级目标 2 对于 8 个策略 C），见表 5-3 和表 5-4。

S1-C 权重打分表 表 5-3

S1	C1	C2	C3	C4	C5	C6	C7	C8	权　重
C1	1	1	1	1	3	1	1	1	0.134144
C2	1	1	1	1	3	1	1	1	0.134144
C3	1	1	1	1	3	1	1	1	0.134144
C4	1	1	1	1	3	1	1	1	0.134144
C5	0.33	0.33	0.33	0.33	1	0.33	0.33	0.33	0.04472
C6	1	1	1	1	3	1	1	0.33	0.12069
C7	1	1	1	1	3	1	1	1	0.134144
C8	1	1	1	1	3	3	1	1	0.16387
CR	0.017328571								

S2-C 权重打分表 表 5-4

S2	C1	C2	C3	C4	C5	C6	C7	C8	权　重
C1	1	3	1	1	0.2	1	3	1	0.102855
C2	0.33	1	0.33	0.33	0.14	0.33	1	0.33	0.037715
C3	1	3	1	1	0.2	1	3	1	0.102855
C4	1	3	1	1	0.2	1	3	1	0.102855
C5	5	7	5	5	1	5	7	1	0.374153
C6	1	3	1	1	0.2	1	3	1	0.102855
C7	0.33	1	0.33	0.33	0.14	0.33	1	0.33	0.037715
C8	1	3	1	1	1	1	3	1	0.138998
CR	0.04								

表 5-5 到表 5-10 为 8 个策略（C1 ~ C8）和 14 个对策（M1 ~ M14）间的权重关系，M1（减小缘石半径）和 M2（设置行人安全岛）为两个和 C1（缩短交通弱势群体的一次过街距离）相关的策略，M1 和 M2 同 C1 的权重关系见表 5-5。

C1-M 权重打分表 表 5-5

C1	M1	M2	权　重
M1	1	0.333333	0.249981
M2	3	1	0.750019
CR	0		

M3（设置过街天桥或者地下通道）和 M4（设置行人隔离护栏）这两个对策和策略 C2（分离行人和其他道路使用者并规范其行为）相关，M3 和 M4 对 C2 的权重见表 5-6。

C2-M 权重打分表 表 5-6

C2	M3	M4	权　重
M3	1	1	0.5
M4	1	1	0.5
CR	0		

M5（非机动车道空间隔离设施）和 M6（左转非机动车的组织）这两个对策和策略 C3（分离自行车、非机动车和其他道路使用者并规范其行为）相关，M5 和 M6 对 C3 的权重见表 5-7。

C3-M 权重打分表 表 5-7

C3	M5	M6	权　重
M5	1	2	0.666667
M6	0.5	1	0.333333
CR	0		

M1（减小缘石半径），M7（右转机动车让行标志标线）和 M8（禁止机动车右转或禁止红灯右转）与 C4（减少右转车的干扰）相关，M1、M7 和 M8 对 C4 的权重见表 5-8。

C4-M 权重打分表 表 5-8

C4	M1	M7	M8	权　重
M1	1	1	0.333333	0.199988
M7	1	1	0.333333	0.199988
M8	3	3	1	0.600024
CR	0			

M1（减小缘石半径），M2（设置行人安全岛），M7（右转机动车让行标志标线），M9（安装减速丘或其他减速设施）和 M10（机动车限速标志）与 C5（降低机动车车速）相关。M1，M2，M7，M9 和 M10 对 C5 的权重见表 5-9。

C5-M 权重打分表 表 5-9

C5	M1	M2	M7	M9	M10	权　重
M1	1	1	1	0.333333	1	0.142851
M2	1	1	1	0.333333	1	0.142851
M7	1	1	1	0.333333	1	0.142851
M9	3	3	3	1	3	0.428596
M10	1	1	1	0.333333	1	0.142851
CR	0					

因为只有 M11（优化信号配时）和 C6（通过信号配时分离交通弱势群体）对应，因此不需要计算其权重。

M4（设置行人隔离护栏）和 M12（完善公交地铁站点设置、设计及设施）与 C7（降低公交车站的干扰）对应，M5（设置行人隔离护栏）和 M12（完善公交地铁站点设置、设计及设施）对C7（降低公交车站的干扰）的权重见表5-10。

C7-M 权重打分表 表5-10

C7	M4	M12	权　重
M4	1	0.5	0.333333
M12	2	1	0.666667
CR	0		

M1（减小缘石半径），M2（设置行人安全岛），M13（改善静态、动态视距）和M14（改善可视性）与C8（改进动态和静态视距）对应，M1（减小缘石半径），M2（设置行人安全岛），M13（改善静态、动态视距）和M14（改善可视性）对C8（改进动态和静态视距）的权重见表5-11。

C8-M 权重打分表 表5-11

C8	M1	M2	M13	M14	权　重
M1	1	1	0.333333	0.333333	0.124991
M2	1	1	0.333333	0.333333	0.124991
M13	3	3	1	1	0.375009
M14	3	3	1	1	0.375009
CR	0				

通过上面的权重打分可以得到每个策略和措施对应总目标的权重，见表5-12和表5-13，表中的权重表示这一指标的重要程度，权重越高则重要程度越高。

策略C对应于总目标A的权重 表5-12

C	weight
C1（缩短交通弱势群体的一次过街距离）	0.113285
C2（分离行人和其他道路使用者并规范其行为）	0.069858
C3（分离自行车、非机动车和其他道路使用者并规范其行为）	0.113285
C4（减少右转车的干扰）	0.113285
C5（降低机动车车速）	0.264342
C6（通过信号配时分离交通弱势群体）	0.1088
C7（降低公交车站的干扰）	0.069858
C8（改进动态和静态视距）	0.147289

对策 M 对应于总目标 A 的权重　　表 5-13

M1(减小缘石半径)	0.107146
M2(设置行人安全岛)	0.141137
M3(设置过街天桥或者地下通道)	0.034929
M4(设置行人隔离护栏)	0.058215
M5(非机动车道空间隔离设施)	0.075523
M6(左转非机动车的组织)	0.036267
M7(右转机动车让行标志标线)	0.060417
M8(禁止机动车右转或禁止红灯右转)	0.067973
M9(安装减速丘或其他减速设施)	0.113296
M10(机动车限速标志)	0.037762
M11(优化信号配时)	0.1088
M12(完善公交地铁站点设置、设计及设施)	0.046572
M13(改善静态、动态视距)	0.055235
M14(改善可视性)	0.055235

从表 5-12、表 5-13 可以看出,最优的 5 个策略依次为 C5,C8,C1,C3 和 C4, 最有效的 5 个措施依次是 M2,M9,M11,M1 和 M5。

在实际应用该方法进行交叉口安全评价时,以上评价中的措施和策略的重要程度(权重)可能会有所改变,可以根据当地的道路环境及交通参与者行为具体分析进行适当调整。

5.3 交叉口安全评价

本《指南》通过一系列评价指标来反映交叉口的各项安全改善策略的实施效果,图 5-2 为反映交叉口的各项安全改善策略与评价指标的关系,以及与交叉口安全改善主次目标的关系的层次分析图。

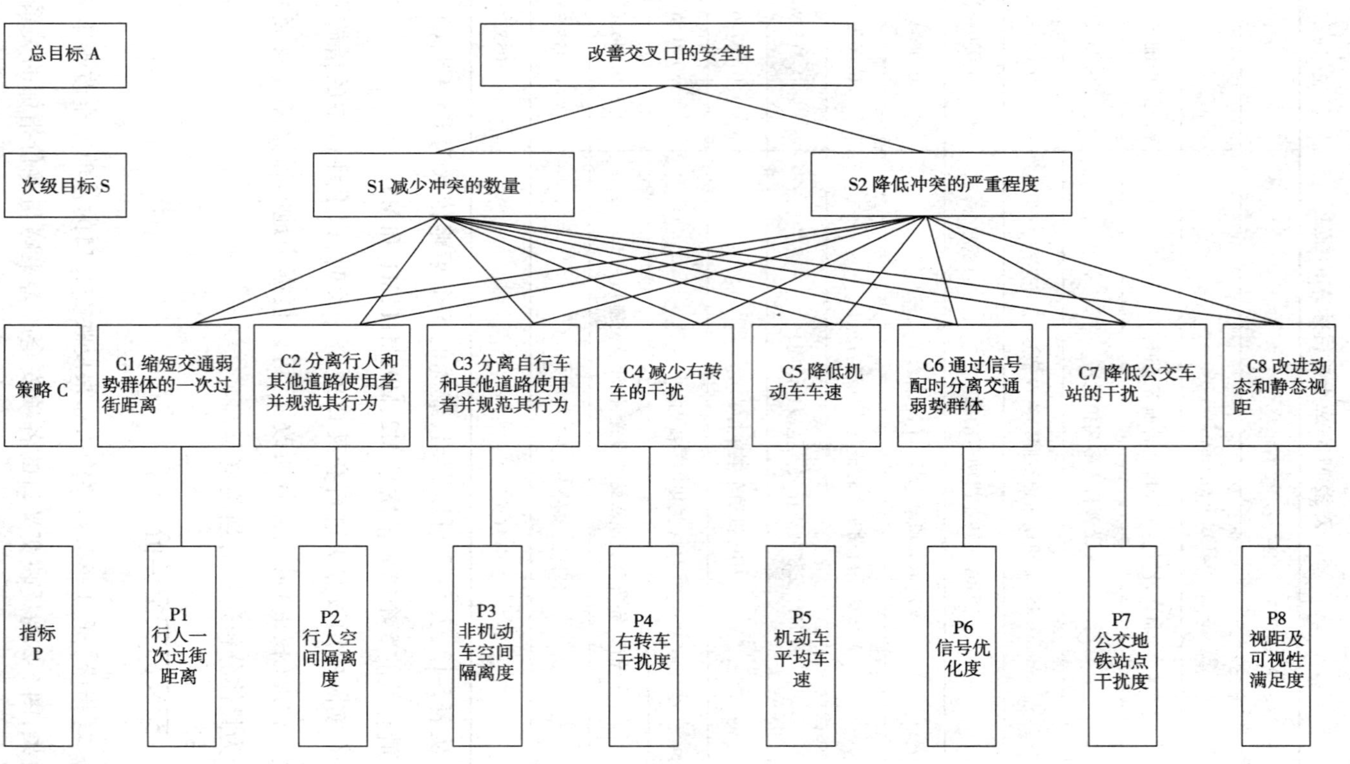

图 5-2 交叉口安全评价层次分析图

5.4 安全策略评价指标评分标准的制订

因为交叉口设计的合理性及交通安全设施的完善程度直接影响到各项策略改善交叉口安全的效果,因此,本节通过交叉口设计的基本参数、交通安全设施或措施的完善程度来制订交叉口各项策略评价指标的标准。

下文中的打分标准为根据经验及统计数据给出的建议值,根据具体情况,可作进一步修正。如本《指南》未提到的措施也有相似的效果,可对评价标准进行相应替换。

5.4.1 缩短过街距离的评价

P1 行人一次过街距离

设置合理的转弯半径不仅满足机动车转弯要求,也能使行人垂直于交通流以最短距离安全过街。安全岛将过街分为两个或多个阶段,为行人提供驻足区,大大缩短了一次过街的距离。以上措施均可有效减少过街距离或一次过街距离。

通过调查发现,一次过街距离对行人的违章率和安全性影响很大,因此选取一次过街需穿越的最大过街距离进行评价,分析最不利条件下的行人过街距离。按照过街距离进行分级并打分,见表5-14。

行人过街距离 P1 分级表 表5-14

评价标准等级	一	二	三	四	五
评价标准	行人一次过街距离10~20m	有行人安全岛+行人一次过街距离20~30m	有行人安全岛+行人一次过街距离30~40m	无行人安全岛+行人一次过街距离30~40m	无安全岛+行人一次过街距离40m以上
得分	[90,100]	[75,90)	[60,75)	[30,60)	[0,30)

5.4.2 行人空间隔离及行为规范的评价

P2 行人空间隔离度

专用行人过街设施包括人行横道、地下通道、过街天桥等。利用行人护栏、中央分隔带护栏或其他突起的隔离措施,如隔离桩、抬高的人行道、人行横道等,并与引导标志同时使用可提高专用行人过街设施的使用率,减少违章及冲突。

通过研究发现,交叉口行人设施的情况对行人的安全性影响很大,因此根据交叉口行人设施情况,采用如下标准对行人空间隔离度进行分级,见表5-15。

行人空间隔离度 P2 分级表 表5-15

评价标准等级	一	二	三	四	五
评价标准	过街天桥或地下通道+隔离设施+引导标志	过街天桥或地下通道+隔离设施或引导标志;人行横道+隔离设施	人行横道但无隔离设施	地下通道或过街天桥+行人引导标志	地下通道或过街天桥但无隔离设施和引导标志
得分	[90,100]	[75,90)	[60,75)	[30,60)	[0,30)

注:当行人设施使用率高时取上限值,行人设施使用率低时取下限值。

5.4.3 非机动车空间隔离及行为规范的评价

P3 非机动车空间隔离度

非机动车道空间隔离指利用机非护栏或其他突起的物理隔离设施,如机非分隔带等,并配合连续的地面划线和引导标志,阻止机动车进入,引导非机动车在非机动车道内通行。

根据交叉口非机动车隔离设施情况,采用如下标准对非机动车空间隔离度进行分级并打分,见表5-16。

非机动车空间隔离度 P3 分级表 表5-16

评价标准等级	一	二	三	四	五
评价标准	机非隔离设施+非机动车二次左转组织+连续引导标线+引导标志	机非隔离设施+足够的非机动车道宽度	机非隔离设施或者非机动车二次左转组织	不足的机非隔离设施	无机非隔离设施或非机动车二次左转组织
得分	[90,100]	[75,90)	[60,75)	[30,60)	[0,30)

注:当非机动车设施使用率高时取上限值,行人设施使用率低时取下限值。

5.4.4 减少右转机动车干扰的评价

P4 右转车干扰分离度

右转车干扰分离度是指右转车从时间上和空间上对非机动车和行人的

干扰程度。该指标可通过分离程度及让行程度综合评定。根据各种措施对分离程度及让行程度的影响效果可进行右转车干扰分离度的分级及打分，如表 5-17 所示。

右转机动车干扰分离度 P5 分级表 表 5-17

评价标准等级	一	二	三	四	五
评价标准	机动车禁右	右转专用相位 + 行人相位比右转相位早启 3 ~ 5s	右转专用相位 + 行人相位与右转相位同步	设有让行标志	无让行标志
得分	[90,100]	[75,90)	[60,75)	[30,60)	[0,30)

5.4.5 降低机动车车速的评价

P5 机动车平均车速

机动车过交叉口车速是指机动车距离停车线 40 米的车速平均值，参考调查数据以及车速与事故致死率的关系，将机动车日间和夜间的平均车速进行分级并打分，见表 5-18。

机动车平均车速 P6 分级表 表 5-18

评价标准等级	一	二	三	四	五
评价标准	白天:[0,15] 夜间:[0,20]	白天:[15,30] 夜间:[20,35]	白天:[30,40] 夜间:[35,45]	白天:[40,50] 夜间:[45,60]	白天:≥50 夜间:≥60
得分	[90,100]	[75,90)	[60,75)	[30,60)	[0,30)

注：白天及夜间的车速按最不利情况的打分，上述车速单位均为 km/h。

5.4.6 优化信号配时的评价

P6 信号优化度

合理的利用信号进行时间隔离应尽可能满足以下七个条件：1）有行人及非机动车专用相位控制；2）周期最大不超过 180s；3）优化黄灯相位间隔，减少闯红灯的比例；4）行人和机动车都有足够的清空时间；5）行人信号早启早结束；6）非机动车信号早启早结束；7）定周期变为自适应控制，提高交叉口的运行效率。

按照信号的设置情况将信号时间隔离度进行分级并打分，见表 5-19：

信号优化度 P6 分级表　　表 5-19

评价标准等级	一	二	三	四	五
评价标准	满足七项	满足五、六项	满足三、四项	满足一、二项	均不满足 或无灯控
得分	[90,100]	[75,90)	[60,75)	[30,60)	[0,30)

5.4.7　改善公交地铁站点的评价

P7 公交地铁站点合理度

站点位置合理度可用站点到街道对面交通吸引点的绕行距离来表示。交通吸引点的绕行距离是站点到街道对面最大交通吸引点之间，行人按规定过街路线行走距离与两点间直线距离的比，即

$$r=\frac{d_r}{d_{min}}$$

对大量的行人过街绕行距离比 r 进行统计分析，得到 10% 位过街距离为 $r=1$，50% 位过街距离为 $r=1.2$，85% 位过街距离为 $r=1.5$。根据交通吸引点间的绕行距离比进行该指标分级及打分。

另外公交站台的设施合理与否和设施完善有关，合理的公交站台设计及设施应尽可能满足或包括：

(1)设置公交港湾；

(2)站台尺寸与候车乘客量匹配；

(3)公交站台与道路之间的护栏等隔离措施；

(4)站台与便道之间的人行横道。

根据公交站点设置的绕行距离及设施满足以上要求的情况，可参考表 5-20 的标准进行分级：

站点合理度 P7 分级表　　表 5-20

评价标准等级	一	二	三	四
评价标准	满足四项 $+r>1.5$	满足三项 $+1.2<r<1.5$	满足两项 $+1<r<1.2$	都不满足 $+r<1$
得分	[90,100]	[75,90)	[60,75)	[0,60)

5.4.8 改善视距及可视性的评价

改善视距及可视性的措施主要包括清空静视距范围内的障碍物,弥补行车过程中由于大型车辆遮挡导致的动视距的障碍。

P8 视距及可视性满足度

视距分为静态视距和动态视距两类,影响视距范围内的障碍物包括:广告牌、灯杆、施工围挡、植物等。

静态视距范围内清空的程度分为0~4五级,0为最好,表示视距三角形内无障碍物。4为最差,有大型障碍物。1、2、3介于两者中间。

改善动态视距的措施有以下方面:

(1)信号灯为悬挂式或悬臂式;

(2)道路两侧或中央分隔带有辅助信号灯;

(3)有数量适当的机动车减速慢行提示标志;

(4)有数量适当的行人不要在大型车辆间穿越的提示标志。

改善交叉口的可视性包括:改善照明设施,提高交叉口夜间的亮度,提升信号灯、标志标线、行人、非机动车可视性等。

因此视距及可视性满足度可以从动态视距、静态视距以及机动车发现前方交叉口的标志标线、信号灯、行人、非机动车的距离三个方面进行分析,对交叉口的视距及可视性满足度分为五级并打分。打分标准见表5-21。

视距及可视性满足度 P8 分级表 表5-21

评价标准等级	一	二	三	四	五
评价标准	视距范围清空度0+动态视距满足四项+可视距离>150m	视距范围清空度1+动态视距满足三项+可视距离100~150m	视距范围清空度2+动态视距满足二项+可视距离80~100m	视距范围清空度3+动态视距满足一项+可视距离50~80m	视距范围清空度4+动态视距都不满足+可视距离<50m
得分	[90,100]	[75,90)	[60,75)	[30,60)	[0,30)

5.5 指标权重的确定

权重计算采用层次分析法,流程图见图5-3:

通过以上流程可以得到每个指标占所占的权重,见表5-22:

各指标权重表　　表5-22

P	权　重
P1 行人一次过街距离	0.113285
P2 行人空间隔离度	0.069858
P3 非机动车空间隔离度	0.113285
P4 右转车干扰度	0.113285
P5 机动车平均车速	0.264342
P6 信号优化度	0.108800
P7 公交地铁站点干扰度	0.069858
P8 视距及可视性满足度	0.147289

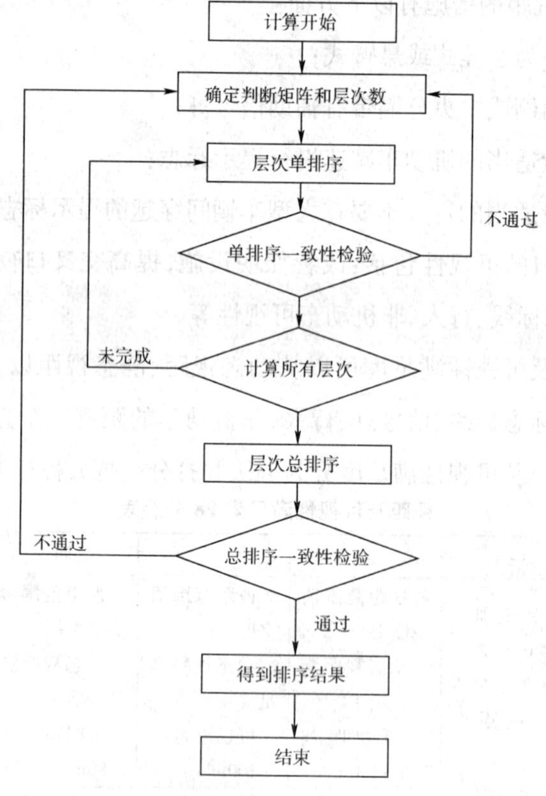

图5-3　层次分析法流程

6 交叉口弱势群体交通安全改造案例

本章以北京市若干交叉口的弱势群体交通安全改造,介绍了典型措施在实际交叉口改造中的应用及效果分析。

6.1 交叉口综合改造示例

在北京,西单、大望路及东四十条环岛交叉口是事故较多的交叉口,本节重点对各交叉口的事故特性进行剖析,并提出一揽子的解决方案。

6.1.1 西单

1)事故剖析

对在这个交叉口发生的12个一般以上的道路交通事故进行分析,概况见表6-1。这些事故中,有8个机动车和非机动车间的事故,2个机动车和行人间的事故,2个机动车间的事故,其中不使用二次过街及违章是机动车和非机动车事故的主要原因,机动车和非机动车在夜间的事故高于其他时间。事故发生位置示意见图6-1。

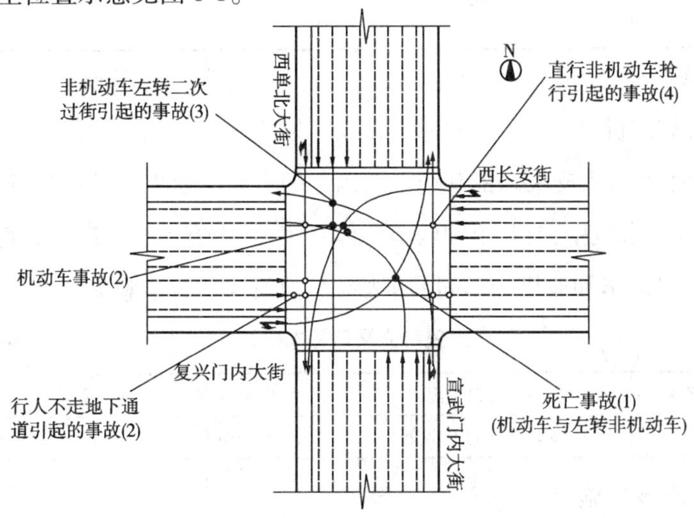

图6-1 交叉口事故发生位置示意图

西单交叉口基本概况　　表 6-1

交叉口名称	交叉口类型	行人设施	主要事故类型
西单	十字交叉口	南北向地下通道、东西向人行横道	自行车和行人

2)问题及措施

西单交叉口存在问题及对应改造措施见表 6-2。

西单交叉口存在问题及对应改造措施汇总　　表 6-2

路口名称	问题描述	措施	改造措施目的	实施情况
西单	大量左转非机动车采取一次左转的方式通过交叉口	为自行车设置二次左转待转线	规范左转自行车的行为，避免因左转自行车的混乱过街行为导致的事故及安全隐患，促使右转机动车减速	已实施
	部分行人不按规则通过交叉口	为行人提供引导标志和护栏引导到地下通道	规范行人的行为，引导行人从地下通道通过交叉口，减少行人从路面产生的事故和冲突	已实施
	机非护栏的末端离机动车停止线较远	延长机非护栏到停止线	减少非机动车和机动车间的直行冲突	已实施
	夜间存在超速驾驶的车辆造成夜间事故的发生	安装可变限速板和摄像头	降低夜间车辆的车速，保证安全	待实施

6.1.2　大望路

1)事故剖析

对发生在这个交叉口的 9 个一般以上的道路交通事故进行分析，概况见表 6-3。这些事故中，有 8 个和弱势群体有关，其中有 5 个机动车和行人间的事故，2 个机动车和非机动车间的事故。事故发生位置示意见图 6-2。

大望路交叉口基本概述　　表 6-3

交叉口名称	交叉口类型	行人设施	主要事故类型
大望	在高架桥下的十字交叉口	人行横道	行人、非机动车

2)问题及措施

大望路交叉口存在问题及对应改造措施见表 6-4。

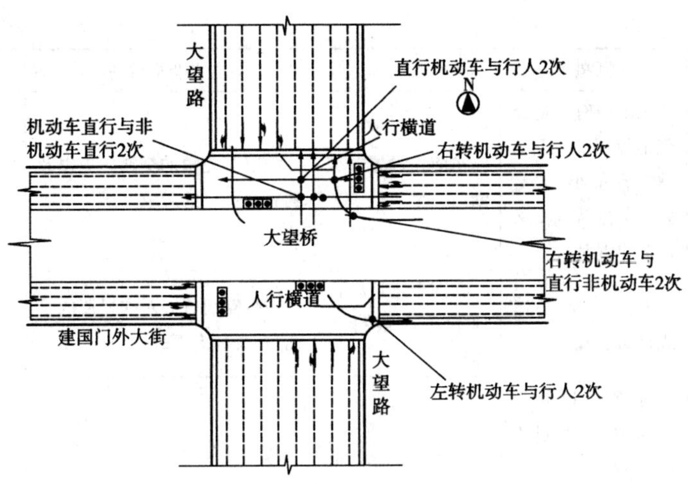

图 6-2　交叉口事故发生位置示意图

大望路交叉口存在问题及对应改造措施汇总　　表 6-4

路口名称	问题描述	措　施	改造措施目的	实施情况
大望桥	北出口的公交站离交叉口很近，进站公交车挤占自行车道，造成自行车与机动车混行。同时缺少中央隔离护栏，大量乘客斜穿道路换乘地铁。	1. 北出口公交站北移 2. 南进口建造公交站台 3. 在公交站台施划到人行便道之间的人行横道	减轻公交车站对交叉口的影响，尽量避免过街换乘的乘客及非机动车与机动车发生冲突	已实施
	部分行人不按规则通过交叉口	为行人提供引导标志和护栏	规范行人的行为，引导行人从地下通道通过交叉口，减少行人从路面产生的事故和冲突	已实施
	部分左转非机动车采取一次左转的方式通过交叉口	为自行车设置二次左转待转线	规范左转自行车的行为，避免因左转自行车的混乱过街行为导致的事故及安全隐患，促使右转机动车减速	已实施
	南进口的右转机动车的流量很大，与直行非机动车和行人有很多冲突	南进口设置右转机动车红绿灯	缓解右转机动车对西向东直行机动车的影响	已实施

续上表

路口名称	问题描述	措　施	改造措施目的	实施情况
大望桥	东出口有大量公交车停靠，由于车站的容量小，大量公交车排队到交叉口造成混乱	东南角设置公交港湾	缓解东北角的交通压力以及其对交叉口的影响。	已实施
	人流量较大，造成路面混乱	在四个进口设置地下通道供行人使用	减少路面行人对交通流的干扰，减少行人事故	部分实施
	地铁C口处于道路中央，经过C口要穿越一个车道，造成隐患	关闭地铁C口	减少冲突	待实施

6.1.3 东四十条环岛

1)事故剖析

对发生这个交叉口的9个一般以上的道路交通事故进行分析，概况见表6-5。这些事故中，有7个机动车和非机动车间的事故，1个机动车和行人间的事故，一个机动车间发生的事故。事故发生位置示意见图6-3。

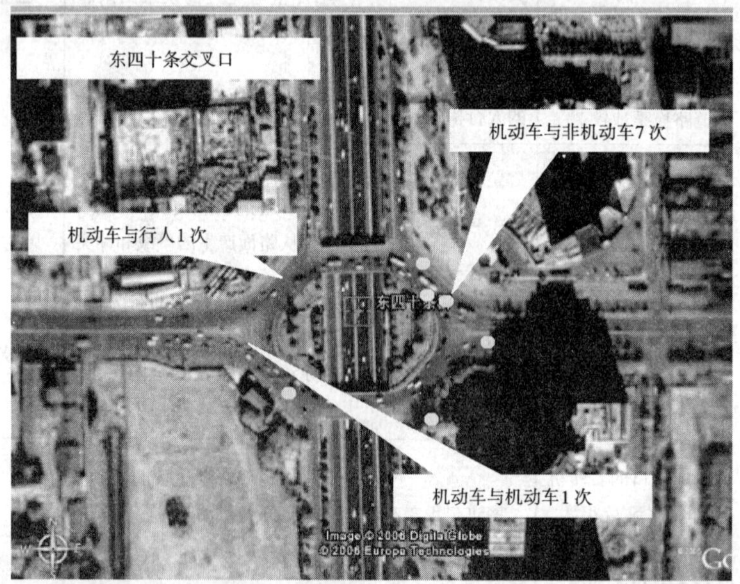

图6-3　交叉口事故发生位置示意图

东四十条交叉口基本概述 表 6-5

交叉口名称	交叉口类型	行人设施	主要事故类型
东四十条	环形交叉口	东进口地下通道,其他进口人行道	自行车

2)问题及措施

东四十条交叉口存在问题及对应改造措施见表 6-6。

东四十条交叉口存在问题及对应改造措施汇总 表 6-6

路口名称	问题描述	措施	改造措施目的	实施情况
东四十条	部分非机动车不按规则使用非机动车道,占用机动车道行驶	改变护栏的长度和半径	提高自行车的遵章率,减少自行车对机动车的影响	实施
	交叉口较大,没有行人红绿灯,部分行人不能一次通过交叉口	西进口安装行人二次过街安全岛	给过街行人提供路中间的等待空间,减少行人和非机动车与机动车的冲突	已实施
	环岛右转车辆的车速较高,极易造成严重冲突	安装减速反光标志及让行标志	降低右转车辆的车速,降低右转车与行人的冲突	待实施

6.2 交叉口安全改造前后评价

通过对以上 3 个交叉口现场的调查,可以得到各项指标的数值,根据各评价指标的分级,得到各项评分如表 6-7,表 6-8,表 6-9 所示。

交叉口改造前后各指标打分表(西单前后打分对比) 表 6-7

交叉口	指标	改造前分数	改造后分数	对应措施
西单	P1	85	85	
	P2	40	95	为行人提供引导标志和护栏引导到地下通道
	P3	70	85	为自行车设置二次左转待转线
	P4	55	65	为自行车设置二次左转待转线
	P5	60	65	
	P6	70	70	
	P7	95	95	
	P8	70	90	为自行车设置二次左转待转线

交叉口改造前后各指标打分表(大望桥前后打分对比)　　表6-8

交叉口	指标	改造前分数	改造后分数	对应措施
大望桥	P1	45	45	
	P2	50	75	改进公交车站的设置；为行人提供标志和护栏引导行人使用地下通道或人行横道
	P3	55	70	为自行车设置二次左转待转线
	P4	50	70	南进口设置右转机动车信号灯
	P5	50	65	
	P6	65	70	
	P7	60	70	
	P8	50	70	为自行车设置二次左转待转线

交叉口改造前后各指标打分表(东四十条桥前后打分对比)　　表6-9

交叉口	指标	改造前分数	改造后分数	对应措施
东四十条桥	P1	50	80	西进口安装行人二次过街安全岛
	P2	70	70	
	P3	60	90	改变机非护栏的长度和半径
	P4	65	65	
	P5	55	65	
	P6	75	75	
	P7	75	75	
	P8	65	85	改变机非护栏的长度和半径

通过上面对各指标的打分,可以得到表6-10。

交叉口改造前后评价打分结果汇总表　　表6-10

交叉口	改造前分数	改造后分数
西单	67.00743	77.94924
大望桥	52.33068	66.1956
东四十条桥	62.22688	74.61318

7 结论

历史上,道路交通事故常被忽视,特别是对于道路交通弱势群体的安全。人们认为,随着机动化和城市化的迅速发展,道路交通事故是道路交通发展不可避免的后果。大多数人往往将其看成是发生在别人身上的偶然事件。事实上,尽管对于大多数出行者来说,每次出行发生道路交通事故的相对危险很小,但是人们每天、每周和每年出行的次数却很多。这些小的危险叠加起来不容忽视。

与以往认为交通事故是意外、难以完全避免的看法不同,目前国际的趋势是将事故认为可通过理性分析和补救行动解决的事件,并通过设定零死亡目标来促进制订更有效的安全措施。

国内外经验表明,通过在几何设计和交通管理两方面采取措施,从时间、空间上分离机非、机人冲突点,减小冲突区域、降低冲突严重程度、明确路权、减少违规,加强警示,使交通参与者及时或提早发现交通信号标志及其他潜在的交通冲突者,可为弱势群体提供更为安全的交叉口通行环境。

通过对交叉口事故的分析可以发现,减少冲突数并减低冲突的严重程度,提高交通弱势群体的安全性,保证他们在合理路权范围内的人身安全可通过八个途径来实现。这八个途径分别是:缩短行人的过街距离、规范行人的过街行为、规范非机动车的行为、减少右转机动车的干扰、降低机动车车速、优化信号配时、改善公交地铁站点、改善视距及视认性。具体措施可从几何设计、标志、标线、交通组织、信号优化、设施完善等途径因地制宜来制订。

本《指南》在对交通弱势群体,即非机动车和行人在交叉口的交通安全现状的分析基础上,对适宜于我国的典型措施进行了详细说明,并对这些措施的效果、设计原则方法、配套措施及适用范围作了说明。基于以往研究成果及调查,提出了用来评价交叉口安全性的安全评价审计体系。利用这一体系,可以简单可行地给交叉口评级,了解交叉口的安全状况。其中与措施

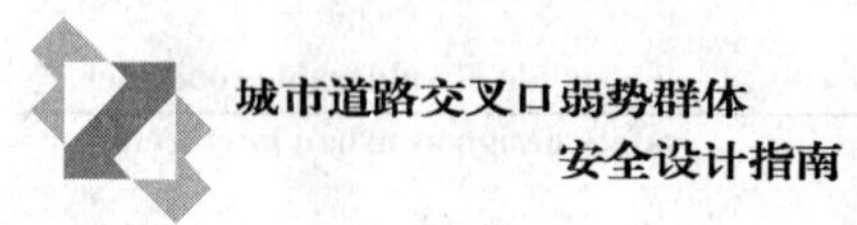

直接相关的各种指标也为交叉口未来的改造指明了方向,引导交叉口改造设计人员及相关人员进一步注重对于行人和非机动车的安全保护,制订更为有效的措施。

除了《本指》南列举的一些工程相关的措施以外,加强公共教育和宣传、强化交通法规的作用也是十分重要的[52][53]。另外,低成本的改造措施是本指南所极力倡导的,通过交叉口弱势群体安全项目的调查分析结果可以发现,一些低成本的工程措施,是可行和有效的。

依据马斯洛的需求层次理论,人们客观存在的实际需要,可按照它们产生的历史顺序和重要性,分为生理的需要、安全的需要、社交的需要、尊重的需要、自我实现的需要5个层次。道路交通安全属于第二层次的需要,产生的前提是生理需要得到满足。随着我国经济、社会的迅速发展,人民生活水平的大幅度提高,小康社会的早日实现,全社会必将达到需求的第二层次——安全需要,道路交通安全将成为交通规划管理重要的内容,也将日益成为政府社会关注的重要民生问题[54][55][56]。

由于本《指南》不是工程标准和技术规格,所以它所提供的信息有一定的局限性,一些与道路设施设计相关的细节没有包括在《指南》中。但是,我们仍然希望它有助于读者,能帮助我们为社会,特别是道路上的弱势群体建造更安全的道路。同时我们也希望本《指南》能够尽微薄之力,号召社会各界共同努力,为市民呈现一个安全舒适的交通环境。

参考文献

[1] 佩登.世界道路交通伤害预防报告[R].北京:人民卫生出版社,2004.

[2] 李伟.步行和自行车交通规划与实践[M].北京:知识出版社,2009.

[3] 公安部交通管理局.中华人民共和国道路交通事故统计年报(2007 年度)[N].北京:中国统计出版社.

[4] 中国公路学会《交通工程手册》编委会.交通工程手册[M].北京:人民交通出版社,1998.

[5] 中华人民共和国科学技术部等.国家道路交通安全行动计划[EB/OL].2008.

[6] 任福田,刘小明.论道路交通安全[M].北京:人民交通出版社,2001.

[7] 段里仁.道路交通安全手册[M].北京:中国档案出版社,1988.

[8] 郭忠印,方守恩等.道路交通安全[M].北京:人民交通出版社,2003.

[9] 刘志强,葛如海,龚标.道路交通安全工程[M].北京:化学工业出版社,2005.

[10] 刘运通.道路交通安全指南[M].北京:人民交通出版社,2004.

[11] World Road Association (PIARC). Road Safety Manual [M]. 2003.

[12] Hydén, C., Bulletin. The Development of a Method for Traffic Safety Evaluation: The Swedish Traffic Conflicts Technique [M]. Department of Traffic Planning and Engineering, Lund Institute of Technology, Sweden, 1987.

[13] 成卫.城市交通冲突技术与应用[M].北京:科学出版社,2006.

[14] 张苏.中国交通冲突技术[M].成都:西南交通大学出版社,1998.

[15] National Highway Traffic Safety Administration, Federal Highway Administration. Model Minimum Uniform Crash Criteria [M]. U.S, Department of

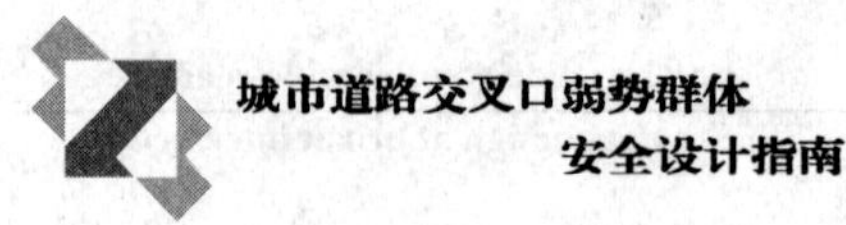

Transportation.

[16] 罗石贵,周伟.路段交通冲突技术研究[J].公路交通科技,2001(1).

[17] 管晓伟.基于交通冲突技术的平面交叉口安全评价研究[J].北京交通大学,2006(5).

[18] 倪颖,李克平.信号交叉口行人与右转机动车冲突的处理[J].交通与计算机, 2007.1 vol.25.

[19] Chin, H. C. , Quek, S. T. Measurement of traffic conflicts. Saf. Sci. 26 (3), 1997.

[20] Glauz, W. D. , Migletz, D. J. Application of Traffic Conflict Analysis at Intersections [M]. NCHRP Report 219, Transportation Research Board, National Research Council, Washington, DC. 1980.

[21] Kloeden, C. N. , McLean, A. J. , Moore, V. M. , Ponte, G. Traveling Speed and the Risk of Crash Involvement [C]. NHMRC Road Accident Research Unit, The University of Adelaide. 1997.

[22] Minderhoud, M. M. , Bovy, P. H. L. Extended time-to-collision measures for road traffic safety assessment [J]. Accid. Anal. Prev. 33 (1) ,2001.

[23] Parker, M. R. , Zegeer, C. V. Traffic Conflict Technique for Safety and Operation: Engineers Guide[R]. Report FHWA-IP-88-026, FHWA, U. S. Department of Transportation, 1989.

[24] 王建军,严宝杰.交通调查与分析[M].北京:人民交通出版社,2004.

[25] 裴玉龙,王炜.道路交通事故成因及预防对策[M].北京:科学出版社,2004.

[26] 何存道.驾驶事故中人的因素[J].心理科学通讯,1985(1):42-44.

[27] The Institute of Transportation Engineers and The Federal Highway Administration. Toolbox on Intersection Safety and Design [M].

[28] U. S. Department of Transportation. Manual on Uniform Traffic Control Devices [M].

[29] American Association of State Highway and Transportation Officials . Roadside Design Guide [M]. Washington, D. C.

[30] VRU-TOO. 'Final Report' VRU-TOO (Vulnerable Road User Traffic Observation and Optimization), DRIVE II Project V2005 [J]. ITS Working Papcr 439, Leeds, UK. 1995.

[31] Chin, H. C. , Quek, S. T. , Cheu, R. L. Quantitative examination of traffic conflicts [C]. In: Transportation Research Record 1376. TRB, National Research Council, Washington, DC, 1992.

[32] http://www. irap. org/toolkit

[33] 城市道路公共服务设施设置规范[M].

[34] 东南大学.公路平面交叉口几何安全设计指南[R].2007.

[35] 周蔚吾.公路平面交叉优化设计[M].北京:知识产权出版社,2006.

[36] Porter, B. E. , Berry, T. D. , Harlow, J. A Nationwide Survey of Red Light Running: Measuring Driver Behaviors for the 'Stop Red Light Running' Program Report[R]. Daimler Chrysler Corporation. 1999.

[37] Pasanen E. Driving speeds and pedestrian safety [M]. Espoo, Teknillinen korkeakoulu, Liikennetekniikka, 1991.

[38] Goran Nilsson. Traffic Safety Dimension and the Power Model to Describe the Effect of Speed in Safety [M]. Lund University Bulletion 221.

[39] Design Speed, Operating Speed, and Posted Speed Practices [C]. Transportation Research Board. U. S.

[40] Institute of Transportation Engineers. Traffic Calming State of the Practice [J]. FHWA-RD-99-135.

[41] Municipality of Anchorage Traffic Department. Traffic Calming Protocol manual [M].

[42] City of Sarasota Engineering Department. Traffic Calming Manual [M].

[43] Jacobs, G. D. & Wilsson, D. G. A Study of Pedestrian Risk in Crossing

Busy Roads in Four Towns[R]. Road Research Laboratory, Crowthorne, UK. 1967.

[44] Kronborg, P., Ekman L. Traffic Safety for Pedestrians and Cyclists at Signal-Controlled Intersections [M]. TFK. Stockholm, Sweden. 1995.

[45] 行人和信号交叉口[M]. 丹麦.

[46] Manual on Uniform Traffic Control Device [M]. FHWA.

[47] 胡运权. 运筹学教程(第二版). 北京:清华大学出版社.

[48] Transport Safety Performance Indicators [M]. European Transport Safety Council, Brussels.

[49] 孙小端,张高强,陈永胜. 公路交通安全数据库技术研究报告[R]. 北京工业大学,交通部公路科学研究院,2007.

[50] 唐琤琤,张铁军,何勇等. 道路交通安全评价[M]. 北京:人民交通出版社,2008.

[51] 何勇,唐琤琤等. 道路交通安全技术[M]. 北京:人民交通出版社,2008.

[52] 中华人民共和国国务院. 中华人民共和国道路交通安全法实施条例[M]. 北京:人民交通出版社,2004.

[53] 刘建军. 中华人民共和国道路交通安全法解说与运用[M]. 北京:人民交通出版社 ,2004.

[54] 朱祖祥. 工程心理学教程[M]. 北京:人民教育出版社,2003.

[55] 任福田. 交通工程心理学[M]. 北京:北京工业大学出版社,1993.

[56] 罗智勇. 道路交通心理学研究的五种方法[J]. 交通企业管理,2004,6:22 -23.